Louis, sa mère et sa psy

Camille Dumont
Dr Martine Malinsky

Louis, sa mère et sa psy

Préface d'Alice Doumic-Girard

Bayard

Avec la collaboration éditoriale de Michelle de Wilde

3 et 5, rue Bayard, 75008 Paris
ISBN 2.227.47128.8

Préface

L'exposé de la psychothérapie exemplaire que Mme le docteur Martine Malinsky a prodiguée au petit Louis âgé de quatre ans apportera aux jeunes parents bien des réponses à leurs doutes comme à leurs inquiétudes.

Pierre Mâle, grand spécialiste des psychothérapies de l'adolescent, avait accueilli dans son service de guidance, dès 1968, des enfants de moins de six ans. Il enseignait que chez l'être humain on observait de surprenantes similitudes entre les troubles de la crise juvénile et les difficultés qui apparaissaient chez le petit enfant, en particulier pendant la période œdipienne : troubles des grandes fonctions — sommeil et alimentation —, décalages dans les maturations motrices, cognitives et affectives, difficultés d'individualisation, conflits avec les images parentales, instabilité, agressivité.

Avant même d'engager la thérapie de Louis, Mme Malinsky consacra à la mère, en présence de son fils, une longue consultation. C'est avec une grande émotion que la jeune mère confie au médecin de son fils, qui devenait aussi le sien, les épreuves qui avaient jalonnées sa vie de jeune femme, longtemps avant de donner le jour à son petit garçon.

C'est avec la même sincérité, la même lucidité, et une grande générosité que Mme Dumont relatera ses épreuves dans ces pages. Elle souhaite par là aider ses « sœurs » en maternité à mieux comprendre à quel point certaines souffrances peuvent faire écran entre la mère et son enfant.

Le cadre du traitement est un cadre simple qui évoque une chambre d'enfant. Des jouets y sont disponibles. Ces jouets n'ont rien de masques, ils ne sont en rien éducatifs, et ne sont pas là non plus pour séduire l'enfant. Non. Ce sont les jouets habituels à l'enfant. Il s'en sert comme supports pour exprimer ses fantasmes.

Dans ce cadre, le traitement se joue entre trois personnages : la thérapeute, l'enfant et sa mère.

Première originalité du traitement : on demande à la mère d'assister à toutes les séances. On la priera d'intervenir le moins possible. La présence de la mère évite à l'enfant l'anxiété qui l'étreint dès qu'on le sépare de ses parents. Mais, pour la mère, assister aux séances du traitement de son enfant joue un rôle essentiel. Elle va revivre les étapes de la croissance de son fils. Elle remarquera ses réactions, ses mouvements affectifs.

Pour la thérapeute, cette présence entraîne des difficultés : il lui faut conserver le lien qu'elle a déjà ébauché avec la jeune mère, sinon la mère se sentirait exclue. Cependant, le médecin doit de temps en temps aider la mère — à la fin ou lors d'une séance — et veiller à ce que la jeune femme ne se « culpabilise » pas. Ainsi, la jeune mère ne craint pas de se « projeter » sur cette nouvelle image maternelle.

Attardons-nous sur l'évolution du traitement au fil des séances, que le docteur Martine Malinsky a remarquablement analysées, révélant son talent, sa finesse et sa compétence.

La thérapeute donne à Louis l'image d'une mère qui communique totalement avec son petit enfant : sa mimique, son regard, ses gestes, sa tolérance laissent percevoir sa gaieté.

Son langage — qui parfois étonne les parents — est fait d'un vocabulaire simple. Il est au rythme lent de l'enfant, presque litanique comme le disait Pierre Mâle. La mélodie l'emporte sur le verbe. La thérapeute ne craint pas d'employer la répétition, les onomatopées, et fait revivre à Louis l'enchantement de ses premiers plaisirs sensoriels.

Ainsi est induite la régression. Le merveilleux psychiatre Donald Winnicott, en poète, a nommé cet état « la préoccupation maternelle primaire ». C'est par cette régression induite que la thérapeute permet au fragile petit

Louis de réparer les « temps manqués », comme le dit Michael Balint.

Lorsqu'il prend un biberon et qu'il tète, on sent que le souvenir réel, avant l'image, avant le mot, revient d'une zone archaïque à peine enfouie. À travers la relation avec la thérapeute, l'enfant va revivre ce qui le laisse insatisfait. Il ne parvient à s'en libérer que dans le retour au passé vécu.

Fait essentiel : la mère assiste à cette réparation, en s'identifiant tantôt à l'enfant, tantôt à la thérapeute. La mère répare en même temps que la thérapeute ce qui a pu être manqué. Le père n'est jamais absent de la thérapie.

Il nous a semblé qu'il convenait d'ajouter dans cette préface ce qu'ont apporté ces trente dernières années les fascinantes découvertes des neurosciences [1].

Vous savez que le petit humain naît le plus inachevé de tous les mammifères, à tel point que David Winnicott a pu s'exclamer : « Un bébé, ça n'existe pas ! [2] ». À sa naissance à terme, toutes ses fonctions sont en place, mais seule sa mère et son entourage leur donnent vie.

On connaît les discussions souvent passionnées soulevées par le rôle imparti à « hérédité » et « milieu », « inné » et « acquis » dans l'élaboration de la personnalité. Par le développement du système nerveux, les comportements

1. Alain PROCHIANTZ, *La construction du cerveau*, Hachette, 1993.
2. Donald Woods WINNICOTT, *L'enfant et sa famille*, Payot, 2002.

innés vont laisser une place grandissante aux comportements acquis. C'est ainsi que chez l'être humain, aucun trait héréditaire n'échappe à l'action du milieu. L'enfant naît certes avec un équipement, des dons, des potentialités — on a même employé le terme de « potentialités dormantes » —, mais ce sont les stimulations de l'entourage et de l'environnement qui vont les développer : toujours originales, elles sont imprévisibles.

La peau a été stimulée par le liquide amniotique, et le bain et les caresses continueront la même stimulation. L'ouïe a permis d'entendre dès le sixième mois la voix de la mère. La succion et la déglutition sont exercées : l'échographie du cinquième mois montre le bébé occupé à sucer son poing, ou son pouce, parfois même les deux pouces à la fois !

Dès que le cordon ombilical est sectionné et pansé par le médecin qui a conduit l'enfantement, il pose le petit humain sur la peau du ventre de sa mère. Ici, peau contre peau, le bébé fait des mouvements imperceptibles. Il avance en s'orientant vers le sein de sa mère. La chaleur de l'aréole qui entoure le mamelon, mêlée à l'odeur des sécrétions axillaires de la mère guide ce petit nouveau né, qui bientôt tète. Cette première tétée — quand elle est possible — procurera une émotion profonde à la jeune mère.

L'odorat et l'ouïe indiquent aux parents de garder le

bébé pendant les six premiers mois près de leur lit. Pendant la grossesse, le bébé vit dans un univers sonore où les borborygmes de la digestion maternelle ne couvraient pas le rythme du cœur maternel. C'est là le point essentiel : le bébé ne peut être poussé dans une pièce vide. Il a besoin d'entendre la vie de ses parents autour de lui.

Les premières stimulations chez l'enfant vont laisser des traces indestructibles que seuls pourront imprimer des parents présents autour de lui.

Alice Doumic-Girard

Introduction

Après la psychothérapie de son fils, Mme Dumont, qui était présente tout au long des séances, a voulu transmettre son expérience afin qu'elle soit utile à d'autres parents.

D'une façon générale, le traitement psychothérapique fait souvent peur, on le croit inutile ou même dangereux ; c'est pourquoi ce livre voudrait contribuer à le démystifier en étant le témoignage d'une thérapie réussie.

Mme D. a écrit ses souvenirs quelque temps après la fin du traitement. Mme le docteur Malinsky, la psychothérapeute, a accepté d'accompagner Mme D. dans cette démarche et de commenter les points essentiels de la thérapie. La psychothérapeute a travaillé d'après le texte élaboré par la mère. Leurs souvenirs se sont en général recoupés, et lorsqu'ils ne se recoupent pas, la psychothérapeute explique pourquoi. Le père, bien qu'absent des séances, sera très présent dans les jeux de son fils et les paroles de sa femme.

Ce livre n'est pas un compte rendu sténographique des séances, mais une tentative d'explicitation de la transformation et de l'évolution de l'enfant et de son entourage.

Histoire de Louis

Préhistoire

L'histoire de Louis commence bien avant sa naissance. J'avais eu une fille d'un premier mariage et m'étais remariée. Deux ans après la naissance heureuse et désirée d'une fille, mon mari et moi avions voulu un autre enfant, et, puisque nous avions déjà une fille, nous désirions un garçon.

Une grossesse commença, beaucoup plus pénible que la deuxième, avec des vomissements si terribles qu'ils ont nécessité un isolement. Après diverses péripéties hospitalières, l'isolement s'est déroulé chez mes parents, qui, très heureux de cette grossesse, ont tout fait pour m'aider à garder ce bébé. Cela dura trois mois, puis me sentant subitement mieux, je rentrai chez moi.

Hélas, le lendemain, une fausse couche s'annonçait. Deux médecins furent incapables d'arrêter le processus. Mon désespoir devant mon impuissance à garder cet enfant pour lequel j'étais restée couchée et isolée pendant trois mois sont difficiles à décrire. Le sentiment d'irrémédiable et de désolation s'empara de moi lorsque je perdis le bébé.

Je partis à la clinique sans avoir pu voir cet enfant, sans lui avoir dit adieu, trop faible et abattue pour exiger du médecin qu'il me le montre. Lorsque je lui avais demandé : « Est-ce un garçon ou une fille ? », il m'avait répondu : « Regardez vous-même, moi ça ne m'intéresse pas... » Cette réponse tellement sadique, alors qu'il m'avait interdit le moindre mouvement, m'a laissée anéantie, et de plus je n'ai jamais su la réponse à cette question. J'en ressentis une grande souffrance qui m'a poursuivie pendant des années. Ne pas avoir constaté de mes yeux la mort de cet enfant a provoqué chez moi le sentiment plus ou moins conscient qu'il existait toujours : il restait toujours vivant pour moi. Je redemandais constamment à mon mari comment il était ; car mon mari, lui, l'avait aperçu. Il avait aussi beaucoup de chagrin, mais il n'avait pas cette obsession qui me hantait, comment était-il, comment aurait-il été ? Je ne pouvais combler le manque causé par cette mort et assouvir cette envie de connaître cet enfant. Je lui avais même donné un nom pour qu'il ait une sorte d'existence.

Je mentionne cet événement douloureux dans la mesure où il a joué un rôle considérable dans l'histoire de Louis et dans la mienne. De grandes difficultés de sommeil, entre autres, ont commencé pour moi à ce moment-là.

La grossesse

Deux ans plus tard, nous avons mis en route notre Louis. Décidée à aller bien et à réussir cette grossesse, je n'en ai parlé au début qu'à mon mari, pour essayer de ne pas me mettre dans l'état de « femme enceinte » et tenter d'éviter par là les mêmes manifestations que pour la grossesse précédente. Hélas, une menace de fausse couche très précoce, en même temps que des vomissements d'une extrême violence m'ont saisie à nouveau. J'ai gardé le lit six mois. Les trois premiers, en proie à des vomissements qui me laissaient complètement hébétée, et avec un mal au cœur absolument constant qui m'ôtait le goût de vivre, moi qui étais pourtant en train de donner la vie...

J'étais hors du monde, incapable de m'occuper de la maison, de mon mari et de mes filles. Il me semblait que je ne remplissais aucun de mes devoirs.

La menace de fausse couche était toujours présente. Je trouvais trop injuste d'avoir les deux difficultés à la fois : vomir en étant sûre de garder l'enfant, c'était déjà bien difficile à supporter ! Mais vomir avec le risque que ce soit encore pour rien, non ! J'en arrivai à désirer que cette fausse couche se produise bien vite plutôt que d'attendre des mois en vivant ce calvaire. À la suite d'une hémorragie importante, les médecins m'ont proposé de provoquer une fausse couche. À partir de cet instant précis, j'ai fait tout ce qui était en mon pouvoir pour garder cet enfant, puisque je n'étais plus forcée, comme prise au piège, de le garder. Je le choisissais librement malgré les difficultés.

Je suis restée longtemps couchée, avec des vomissements qui se sont espacés de plus en plus ; j'étais soumise à des contrôles hormonaux fréquents. J'avais l'obsession que l'enfant fût anormal. Au moindre effort, je vérifiais s'il n'y avait pas un écoulement sanguin. Au contraire, la fin de la grossesse m'a paru miraculeuse : bien que faible et volumineuse, je trouvais extraordinaire d'être debout, enfin... J'avais eu la permission de me lever au bout de six mois.

Lorsque l'accouchement s'est produit, accouchement long et difficile bien que contrôlé, grâce à la technique de l'accouchement sans douleur et surtout grâce à la présence de mon mari, que je sentais si indispensable et si proche, j'étais vraiment à bout de forces.

La joie d'avoir un fils m'a inondée quelques instants, puis, terrassée par une fatigue immense, j'ai sombré dans une dépression qui a conduit les médecins à m'interdire les visites et à m'interdire de nourrir... alors que j'avais tellement de lait. J'étais si culpabilisée de ne pas le nourrir que je n'en ai parlé à Louis que huit ans plus tard.

Retour à la maison

Le retour à la maison a été très difficile. J'avais de fortes angoisses, des difficultés de sommeil. J'étais épuisée.

Louis vomissait tous ses biberons, une heure après les avoir bus. Personne n'avait pensé que Louis souffrait d'un reflux œsophagien qui aurait pu être soigné... Mon mari et moi lui redonnions à boire, après l'avoir nettoyé, tant et si bien que, nuit et jour, nous faisions des biberons et lavions ses affaires.

Nous en étions arrivés à prendre un tour de garde, un jour et une nuit chacun, l'un veillant pendant que l'autre dormait. Pendant des semaines, nous n'avons dormi pratiquement qu'une nuit sur deux ; celui qui était de garde était réveillé sept ou huit fois par les cris de Louis. Je ne saurais décrire cette impression de cauchemar : commencer à sombrer dans le sommeil et entendre, comme de loin, les cris redoutés, avant d'arriver à se réveiller assez pour se lever...

Pendant ces semaines, j'ai parfois fantasmé que Louis ne se réveille pas... Le jour, j'étais si fatiguée que je ne le dorlotais que peu et mal. En revanche, il est un fait que mon mari soumis au même régime que moi le supportait mieux et en « voulait » moins à son fils que moi. J'en étais terriblement culpabilisée.

Notre chère doctoresse essayait au mieux de nous aider.

Mais ainsi qu'elle nous l'avait prédit, Louis ne s'arrêta de vomir que lorsque le lait a pu être épaissi par de la bouillie.

J'avais peur de le laver craignant surtout de toucher son sexe que je croyais fragile et vulnérable. C'était la première fois que j'avais à m'occuper d'un garçon.

Les premiers mois

Les difficultés alimentaires subsistaient encore, mais Louis ne vomissait plus. Petit à petit, il a accepté une nourriture plus solide, mais toujours moulinée. Il ne supportait pas le moindre grumeau ou les petits morceaux, sauf pour les petits biscuits sucrés.

En le changeant, parfois, je lui disais, mi-riant, mi-sérieuse : « Comme tu es un enfant difficile ! », prenant sa sœur à témoin. Fort jalouse, elle était très satisfaite de ces critiques à l'égard de Louis.

En ce qui me concernait, les difficultés de sommeil subsistaient. Difficultés immenses à m'endormir ; pour y arriver, il fallait qu'il n'y ait aucun bruit ! J'avais un sommeil très léger ; la peur d'être réveillée et de ne pas dormir assez tournait absolument à l'obsession et envahissait ma vie, mes projets, l'atmosphère même de la maison et mes rapports familiaux.

Louis, de son côté, se développait trop lentement à mon gré. Il s'est assis tard, il a parlé tard. Je guettais tous ses retards avec une immense inquiétude. Le jour où pour la première fois il a associé un mot à une idée, j'ai pleuré de joie !... il m'a dit « ava, ava » lorsque j'ai agité la main en le quittant un soir.

Après ces premiers mois si durs, une impression d'accalmie s'est établie jusque vers l'âge de trois ans.

Pendant les vacances, quand Louis eut dix-huit mois, une jeune fille au pair sut très bien s'occuper de lui, y compris la nuit, car il dormait dans sa chambre. J'ai ressenti ainsi une grande impression de soulagement. Il était tout à fait gentil d'ailleurs à cette époque, au moral et au physique, avec sa jolie petite figure, ses yeux clairs, son air vif. Mais je n'arrivais pas encore à me sentir naturelle et épanouie avec lui. Je ne savais pas, ou je ne pouvais pas, profiter de lui.

Vers l'âge de trois ans

À cet âge, Louis devint très agressif. Ses difficultés alimentaires ne s'arrangeaient pas. Il fallait toujours mouliner toute sa nourriture, il ne goûtait à rien de nouveau. Je me rassurais en me disant que c'était une crise d'opposition normale à cet âge. Louis était brutal avec ses sœurs et avec moi, beaucoup moins avec son père. Mais il était surtout « épouvantable » avec une nouvelle jeune fille au pair, qui le trouvait vraiment « Jojo la terreur ». Il nous donnait des coups de poing sans rime ni raison, hurlait d'une manière tout à fait inattendue, tirait sur nos habits en s'y accrochant...

À ce moment, j'ai compris que mes difficultés de relation avec Louis étaient peut-être à l'origine des mauvaises relations qu'il avait avec les autres. Seraient-elles améliorées par une psychothérapie que j'entreprendrais pour moi-même, qui me permettrait de résoudre un certain nombre de mes propres problèmes, et qui par là même pourrait aider Louis ? J'ai donc entrepris un traitement de relaxation analytique. Cela m'a permis de beaucoup mieux supporter Louis. Je dormais mieux, j'étais plus calme et patiente. Petit à petit, ma vie a commencé de se transformer.

Pendant ce temps, Louis était entré à la maternelle. Il avait trois ans et demi. Son agressivité y était intense. Comme à la maison, il donnait, d'une manière absolument incontrôlée, des coups de poing, sans raison et à n'importe qui. Assez rapidement, la directrice s'est plainte de ce qu'il attaquait les plus faibles avec une impulsivité extraordinaire.

À la maison, la situation ne s'améliorait pas. Tout en étant très agressif. Louis était aussi très « collant » avec moi, ne supportait pas de me quitter sans hurlements. Ses sœurs ne le supportaient plus, la jeune fille au pair, elle aussi, continuait à subir son comportement avec peine. De plus, la nuit, il avait des cauchemars.

Il se développait beaucoup intellectuellement, mais je n'y étais guère sensible, obnubilée que j'étais par les difficultés de son comportement. Je fuyais la maison en m'inventant toujours plus d'activités à l'extérieur, j'avais repris des études, en plus de mon travail.

Après de longs mois de réflexion et en accord avec notre doctoresse, nous nous sommes décidés à demander conseil à une psychiatre d'enfants, le docteur Doumic-Girard. Je la connaissais déjà, et j'avais une grande confiance en elle.

Je suis allée à ce rendez-vous sans mon mari, qui me laissait libre de consulter et de commencer un traitement psychologique pour Louis, mais il ne paraissait pas trouver que cela s'imposait, sans doute parce que Louis était moins agressif à son égard et moins agressif envers les autres en sa présence.

Louis avait alors un peu plus de quatre ans. Le docteur Doumic-Girard a proposé d'essayer dans un premier temps d'aider Louis par des calmants, puis, au bout de quelques semaines, elle m'a conseillée de diminuer les calmants progressivement jusqu'à les arrêter et de faire suivre régulièrement Louis en psychothérapie. Elle m'a envoyée chez une de ses disciples, car elle ne pouvait le prendre elle-même en traitement. Elle m'a donné en outre quelques conseils précis et de caractère quotidien, par exemple celui de n'admettre sous aucun prétexte que Louis nous frappe. Je ne savais pas quelle devait être mon attitude à cet égard. En effet, depuis mon propre traitement j'étais devenue beaucoup plus tolérante. Je me fâchais peu quand il me tapait, j'essayais de détourner ses coups ou de l'amuser à autre chose au lieu de le lui interdire.

Elle me dit aussi que, dans la rue, il fallait marcher au rythme de Louis, je le faisais sûrement marcher trop vite et je montrais par là que j'avais trop envie de le voir déjà grand. Elle avait entièrement raison ; en effet, je traînais Louis derrière moi en lui disant de se dépêcher. Je me suis toujours demandé comment elle l'avait deviné : y avait-il quelque chose dans mon attitude qui pouvait le lui faire penser ?

Huit jours plus tard, j'allais voir Mme M. avec Louis, et c'est ici que commence notre étonnante histoire.

Commentaire

Une préhistoire
et
une histoire capitales

C'est avec beaucoup d'émotion que Mme Dumont dès notre première rencontre m'a raconté cette préhistoire et cette histoire de Louis. Comme toute la suite de son récit, elle les a écrites après la fin de la thérapie, avec un très grand souci d'authenticité. Mais elle avait alors une compréhension d'elle-même et de Louis qu'elle n'avait pas durant la thérapie. Elle peut donc expliquer avec plus de clarté ce qui, sur le moment, était encore ressenti confusément. Par ailleurs, nous le verrons, elle a oublié dans sa retranscription certains faits, certaines scènes, alors que d'autres sont restés présents dans son souvenir avec les moindres détails. Nous les soulignerons au passage.

Quant à moi, les commentaires que j'écris aujourd'hui, malgré mon souci d'objectivité, sont marqués par ma connaissance de l'évolution complète de la thérapie, et par les propos que Mme D. a pu me tenir par la suite.

Cette préhistoire est capitale pour la compréhension de l'évolution de la thérapie de Louis : Mme D., après un premier mariage malheureux, a trouvé un « bonheur parfait » avec un second mari, et la petite fille qu'ils ont eue.

Après une première fausse couche pénible, ressentie comme un échec profond, les premiers mois de l'attente de Louis sont très mal vécus. Mme D. est malade à nouveau, alitée pendant six mois, elle supporte très mal d'avoir à se dessaisir de ses filles, de sa maison. À la naissance de Louis, Mme D. se dit ravie d'avoir un garçon, mais les faits montrent son inquiétude devant ce nouveau-né : incapacité à nourrir son enfant, désarroi devant ses parties génitales, fatigue dépressive, difficultés de sommeil accrues pour elle. Déjà elle guette les symptômes du retard de son fils (ne craignait-elle pas qu'il soit anormal ?).

Après ces premiers mois pénibles, Louis ne pose plus apparemment de problèmes très difficiles, mais même ainsi Mme D. n'arrive pas à s'en occuper « naturellement », à se sentir heureuse avec lui, elle est contente de s'en débarrasser. En fait, elle n'accepte pas vraiment cet enfant, sa naissance est encore trop liée à la fausse couche qu'elle n'a pas davantage acceptée. Mme D. nous explique que ce bébé est toujours vivant pour elle. Il prend une importance démesurée. Ceci l'empêche de donner une place à un autre bébé sans se sentir coupable.

Il n'est pas étonnant que les difficultés de Louis reprennent vers trois ans, âge habituel où commence la période œdipienne[1]. *Les relations de Louis à sa mère sont trop mauvaises pour qu'il puisse s'attacher amoureusement à elle, comme il serait normal. C'est à ce moment, me dira sa mère plus tard, que Louis commence à dire : « Je veux être une fille », montrant son espoir de se faire ainsi mieux aimer.*

1. Voir lexique.

La première visite

Lorsque je viens voir Mme M. pour la première fois, comme me l'avait recommandé le docteur Doumic-Girard, en vue d'un traitement pour Louis, je pense que cette visite n'est qu'une formalité. Puisque la psychiatre a indiqué ce traitement, il me semble que Mme M. n'a qu'à entériner son avis, un peu à la manière d'un radiologue qui ferait la radio demandée par un spécialiste.

En réalité, cette première visite est très importante et très chargée. Mme M. me pose des questions qui remettent en cause ma vie pendant ces dernières années et qui m'interpellent profondément sur des problèmes plus ou moins bien enfouis : par exemple, la manière dont j'ai vécu la grossesse de Louis, sa petite enfance, mes impressions sur lui maintenant, la place qu'il tient (ou ne tient pas) à la maison.

Me voilà conduite à redire mes difficultés et celles de Louis. Je raconte donc à Mme M. tout ce que j'ai relaté dans les pages précédentes.

Louis se trouve dans la même pièce, à l'autre bout, en

train de dessiner. Il vient plusieurs fois près de moi, ayant du mal à supporter que je ne sois pas tout occupée de lui, et que je parle à quelqu'un d'autre.

Pendant notre conversation, certaines de ses explications et de ses rapprochements m'ont paru très convaincants. Ils m'ont apporté tant de lumières sur nos difficultés, que j'ai eu d'emblée confiance en Mme M. Par exemple, à propos des difficultés de Louis concernant la nourriture, en particulier son refus de manger de la viande à moins qu'elle ne soit moulinée, Mme M. m'explique que Louis utilise mal son agressivité. Au lieu de s'en servir pour mordre et pour oser mâcher, il l'utilise à frapper ses camarades. Il y a là, me dit-elle, un problème d'ordre psychologique à résoudre.

Ces deux ordres de faits, « mordre » dans la viande et taper sur des camarades, me paraissaient étrangers l'un à l'autre. En fait, ils sont sous-tendus par la même force : l'agressivité, utilisée de façon différente. Ce rapprochement m'a d'abord confondue puis semblé lumineux. Mme M. me conseille un traitement psychothérapique où elle nous prendrait deux fois par semaine, tous les deux ensemble.

Le problème se situe, me dit-elle, au niveau des relations difficiles entre Louis et moi. Il sera donc très bénéfique que nous soyons reçus ensemble pour faire évoluer ces relations. Il faudrait commencer tout de suite pour qu'il y ait des progrès avant les grandes vacances (nous sommes en juin). « Il passera de meilleures vacances », me dit Mme M., phrase prononcée également par le docteur Doumic-Girard.

Je suis à la fois soulagée d'être prise en charge, intéressée par cette manière de faire, rassurée à l'idée d'assister aux séances et de voir tout ce qui s'y passera, mais un peu affolée du temps que cela me prendra et de l'argent qu'il faudra dépenser ! (Je serai d'ailleurs plus tard remboursée par la Sécurité sociale.)

Le désir de voir Louis aller mieux, le charme, la chaleur de Mme M., sa compétence déjà entrevue à cette première visite emportent mon adhésion.

Une fois rentrée à la maison, bien sûr, je raconte en détail cette entrevue à mon mari, et ce que préconise Mme M.

Il est un peu étonné qu'il faille se servir de cet « arsenal psychologique » pour son fils. Il a tendance à penser que j'exagère un peu les difficultés de Louis, mais il acquiesce cependant, comprenant que ce traitement peut être utile, non seulement pour Louis mais aussi pour moi. Il voit bien que les difficultés se situent spécialement dans les rapports entre Louis et moi.

Au début, il me semble que ce traitement est plus « mon affaire » que celle de mon mari (ceci changera par la suite, comme nous le verrons).

Commentaire

Confiance ou inquiétude ?

Mme D. me considère seulement comme l'exécutante du docteur Doumic-Girard, ce qui est évidemment contraire à la réalité : le docteur Doumic-Girard l'a envoyée pour entreprendre un traitement. Mais Mme D. désire ainsi annuler à l'avance le rôle que je vais jouer pour elle et pour Louis. Elle redoute qu'il soit trop important. En effet, elle s'inquiète des bouleversements affectifs que le traitement pourrait provoquer dans sa vie. Elle est mal à l'aise dans ses relations avec Louis, elle sent bien que « quelque chose ne va pas ».

Malgré cette inquiétude, elle a confiance en moi et confiance dans le traitement à venir, elle a la certitude qu'« il se passera quelque chose ». Ces sentiments complexes se retrouvent chez beaucoup de parents qui viennent la première fois consulter pour leur enfant : un mélange d'espoir et d'anxiété. En fait, cette disposition d'esprit est indispensable pour une bonne thérapie : l'anxiété permet de mettre à jour les problèmes, et l'espoir témoigne d'un réel désir de « s'en sortir ». Sans cette anxiété et sans cet espoir, on ne pourrait pas travailler.

Comme toujours, lorsque je commence une thérapie, je me garde d'exprimer tout sentiment ou jugement personnel à l'égard de la mère. J'essaie de comprendre. Mme D. m'a parlé de ses difficultés, de son soulagement à assister aux séances, et je sais déjà, par son attitude, ses gestes, son ton à l'égard de Louis et de moi-même, qu'elle aura du mal à ne pas garder le devant de la scène, malgré son apparente soumission aux règles du traitement que je lui ai expliquées : « Vous êtes là, vous écoutez, vous intervenez le moins possible, vous répondez à Louis s'il s'adresse à vous. Vous êtes là pour ressentir et vivre ce qui se passe, pour comprendre ses besoins et ses désirs. »

Il est nécessaire de voir Louis au moins deux fois par semaine, non en raison de la gravité de ses symptômes, mais parce que le rythme d'une fois par semaine serait trop espacé pour un enfant de cet âge.

D'autre part, il m'a semblé que la présence de la mère pendant les séances pourra être très bénéfique. Elle permet d'éviter à Louis l'angoisse de la séparation, et de répondre à la demande de la mère d'être aidée dans sa relation personnelle à son fils. Surtout, la présence de la mère devrait permettre, comme le dit le docteur Doumic-Girard, « l'expression de mouvements affectifs vécus... », « la confrontation avec la réalité et les prolongements du vécu de la cure dans la vie quotidienne... » ; « la mère engagée dans cette situation particulière est comme ouverte, perçoit les mouvements affectifs de son enfant qu'elle avait souvent méconnus ou rejetés de par ses positions inconscientes personnelles... », « à travers le vécu de la séance, grâce aux interprétations, la mère peut comprendre ses erreurs éducatives, assouplir son attitude et découvrir enfin un mode de relation différent et beaucoup plus satisfaisant... », « sur le plan personnel également, elle revivra son enfance, sa propre relation maternelle, ses problèmes conjugaux et pourra mieux appréhender sa propre fonction par rapport à son enfant...[1] *»*

Pendant ces séances, Mme D. verra que Louis est capable d'avoir d'autres relations, par exemple avec la thérapeute qui est aux yeux de Louis le « substitut » maternel mais un substitut qui ne projette[2] *pas sur lui ses problèmes personnels.*

La présence de la mère permettra sûrement plus facilement de réparer des temps manqués entre Louis et sa mère. Nous verrons plus loin comment Louis revivra, de façon heureuse cette fois, des moments qui se sont mal passés avec elle, pendant sa toute petite enfance. Louis pourra, en exprimant ses désirs propres, bien distincts de ceux de sa mère et ceci devant sa mère, lui permettre de prendre conscience de

1. *Psychothérapie du premier âge*, Pierre Mâle, Alice Doumic-Girard. P.U.F.
2. Voir lexique.

la peur qu'elle a inconsciemment suscitée : il ne pouvait être un garçon à part entière. Mais n'anticipons pas...

Pour ces raisons, je pense que, dans un premier temps, il faut, pour Louis, rétablir « la relation maternelle initiale si nécessaire à l'enfant[1] *», et que Louis fera apparaître très vite dans ses jeux, son père. À partir de là, tout naturellement, sa relation à ses parents pourra être analysée puis améliorée.*

1. *De la pédiatrie à la psychanalyse*. D. Winnicott. Payot.

Le traitement commence...

En venant à la première séance, je ressens des sentiments contradictoires. J'ai peur de cette formule à trois : quel sera mon rôle, que devra être mon comportement, comment Mme M. me jugera-t-elle ? Ce sentiment m'a poursuivie pendant longtemps.

En même temps, je suis ravie : je verrai ce qui se passe dans la séance. Je ne serai pas exclue de la relation thérapeute-Louis, je participerai à l'évolution : en un mot, je suis passionnée et inquiète à la fois.

J'ai une demi-heure de trajet en voiture, seule avec Louis, pour aller et autant pour revenir, ce qui ne m'arrive jamais autrement, car j'ai très peu d'autres occasions de passer du temps seule avec lui. Habituellement, chaque fois que Louis désire ma présence, pour jouer avec moi, j'ai toujours de bonnes raisons de ne pas pouvoir : des pommes de terre à éplucher, du repassage à faire, du lavage à terminer, mon examen à préparer, etc. Je me suis, pendant plusieurs années, surchargée d'études ; en plus de mon travail et de la maison à tenir, j'avais le projet de finir des études pour avoir un travail qui me permette de consacrer plus de temps aux enfants, plus tard... Ce projet, à long terme, me permettait avec bonne conscience d'en donner très peu au moment présent.

Le premier bénéfice de cette psychothérapie est d'abord ce temps des trajets exclusivement passés avec Louis, où je suis toute à lui, sans le remords de renoncer à des tâches que je considère comme plus importantes.

Nous faisons des jeux dans la voiture. Dans la rue, petit à petit, je ne le fais plus marcher au pas de course comme auparavant.

Je suis étonnée de l'intérêt que je prends à bavarder avec Louis. La communication entre nous ne passe plus par l'agressivité. Il a moins besoin de me frapper.

Mais revenons à cette première séance. En arrivant à notre rendez-vous, nous sommes conduits à une salle d'attente où sont étalés beaucoup de journaux et de livres pour enfants. Je me souviens d'avoir eu, ce jour-là, avec acuité, envie d'être jugée par Mme M. comme une bonne mère. Je voulais qu'elle me trouve en train de bien m'occuper de Louis.

Je lui lis donc une histoire (ce qui ne m'arrivait pas souvent). Cette intimité avec mon fils, commencée sous des prétextes ambigus et occasionnels, ne fera que grandir et devenir une chaude relation, par la suite.

La pièce où Mme M. nous reçoit est claire et jolie avec un lit à couverture marocaine et beaucoup de jouets : des pistolets, une maison de poupées, un téléphone, des marionnettes. Mme M. nous accueille et explique à Louis qu'il peut se servir de tous les jouets qui se trouvent dans la pièce comme il l'entend, qu'il peut aussi ne pas s'en servir, qu'il peut dire tout ce qu'il veut et mener ses jeux comme il le désire, que ce temps des séances lui appartient.

Louis prend d'emblée le téléphone. Il m'est difficile maintenant de dissocier la toute première séance de celles qui l'ont immédiatement suivie. En effet, pendant ces trois ou quatre séances, Louis s'exprime surtout par le téléphone. Il téléphone « à son papa dans son grenier en train de travailler ». Le bureau de mon mari se trouve au deuxième étage de la maison. Les enfants y montent rarement, ils respectent le travail peut-être un peu mystérieux de leur père, qui est très souvent à la maison, mais invisible. Ils savent qu'il prépare ses cours, « qu'il travaille pour expliquer des choses aux grands ». Peut-être Louis, en lui téléphonant, montre-t-il qu'il aurait eu envie de le rejoindre dans son grenier, ou peut-être veut-il l'introduire dans la thérapie. Il a ainsi son père et sa mère avec lui.

Souvent il appelle le professeur de piano de sa sœur Judith. Les activités de Judith comptent beaucoup pour lui dans la mesure où nous valorisons tous beaucoup l'intelligence et les dons de sa sœur. Mme M. et moi jouons le rôle des interlocuteurs au téléphone. Nous suivons en principe les directives de Louis. Je remarque que Mme M. s'y conforme toujours. Quant à moi, j'ai souvent envie de donner des idées à Louis, de proposer d'autres correspondants, de lancer d'autres thèmes, d'intervenir dans son jeu.

Au début, je ne m'intéresse pas beaucoup à ce qu'il exprime de sa vie, mais je cherche plutôt à donner des idées pour l'amuser. Mon rôle me semble peu confortable. J'oscille constamment, et plus ou moins consciemment, entre deux attitudes : me comporter comme simple accompagnatrice des jeux de Louis, comme Mme M. me l'a demandé, ou intervenir activement, comme je meurs d'envie de le faire. Il me faudra des mois pour me départir de cette envie d'intervenir. Je le comprends maintenant après avoir parcouru tout un chemin grâce à la psychothérapie ; mais sur le moment je ne me rendais pas compte que je voulais, en fait, m'immiscer dans la relation qui s'établissait entre Louis et Mme M., et surtout que je ne voulais pas en être exclue.

À ma stupéfaction, Louis donne un reflet très fidèle de ce qui se passe à la maison, à travers des conversations téléphoniques très variées ; il exprime une grande finesse et une compréhension, que je ne soupçonnais pas, des sentiments qui existent dans la famille.

J'ai commencé à le découvrir sous un nouveau jour. Je

voyais que son intelligence et son intuition étaient très vives, alors que j'avais parfois craint qu'elles ne se développent pas normalement. Je découvrais mon enfant, son existence, son côté attachant, intéressant et plaisant.

Commentaire

Ne pas être exclue

Je ferai plusieurs remarques sur le récit de ces premières séances. La première concerne le désir de Mme D. de ne pas être « exclue » de la relation que nous pouvons établir Louis et moi.

Il est évident pour moi, dès la première entrevue, que Mme D. désire plus ou moins consciemment garder la direction des événements, jouer un rôle, rester au cœur des échanges, ou même prendre la place de Louis. Elle supporte mal de le voir indépendant, agissant pour son propre compte, ou plus précisément elle l'en croit incapable, nous comprendrons plus tard pourquoi.

Mme D. devra apprendre lentement à s'exclure de notre relation à Louis et à moi et à le laisser agir seul, de façon bien distincte de sa mère.

« J'étais à lui sans remords », dit par ailleurs Mme D. On peut se demander pourquoi, tout à coup, la psychothérapie à peine commencée, elle peut s'occuper de son fils, alors qu'auparavant elle n'arrivait pas à jouer avec lui, à

se mettre à son niveau, sans en même temps se sentir coupable de ne pas faire autre chose. Pourquoi ne pouvait-elle se permettre d'éprouver du plaisir à s'occuper de son petit garçon ?

Dès le début du traitement, Mme D. a confiance. Elle perçoit déjà que je ne la culpabilise pas et que j'ai confiance dans ses possibilités d'être une bonne mère. Cette diminution de son angoisse a déjà suffi à débloquer son comportement avec Louis. Elle réalisera peu à peu qu'elle a en elle tout ce qu'il faut pour être une bonne mère, elle réalisera aussi qu'elle ne sera pas obligée d'abandonner sa personnalité et de sacrifier ses désirs propres pour se conduire en « bonne mère ».

Pendant ces premières séances, on voit bien que Mme D. n'a pas « entendu » ce que je lui ai dit : « Vous intervenez le moins possible. » Sa façon d'intervenir fait tellement partie de son comportement habituel qu'elle n'est pas encore prête à entendre cette consigne, et il est donc inutile que je la lui répète. Pour le moment, il ne lui suffit pas d'être disponible à ce qu'exprime Louis, intellectuellement et affectivement, de le laisser être tel qu'il est réellement et non tel qu'elle a envie qu'il soit. Elle intervient encore. Elle s'étonne de me voir m'effacer devant Louis, lui laisser l'initiative du jeu.

Au téléphone, il parle beaucoup des activités des autres membres de la famille ; les professeurs de sa sœur et sur-

tout le travail de son père occupent ses conversations. Il montre alors combien il est attentif à tout ce qui se passe autour de lui et qu'il comprend, bien plus qu'on ne le croit, les relations familiales. Mais il ne dit rien de lui-même, de ce qu'il ressent, de ce qui lui importe. Le téléphone est pour lui un instrument privilégié : au téléphone on parle, et dans sa famille le langage et le travail intellectuel sont très importants. En parlant comme les grands, Louis espère se faire reconnaître. De plus, au téléphone, on traduit les événements en mots abstraits, les conflits n'y apparaissent pas. À ce moment, le téléphone lui est donc très utile, il l'abandonnera plus tard quand il sera prêt à parler de lui-même et de ses problèmes.

« La peur de son jugement pèse sur moi »

Les séances suivantes se poursuivront jusqu'aux grandes vacances. Dans la pièce où nous sommes, se trouve un lit sur lequel Louis aime beaucoup sauter, en passant par-dessus, prenant bien soin de retirer ses chaussures pour ne pas salir le dessus-de-lit. Cela me pose chaque fois un problème : que dois-je faire de ces chaussures ? Si elles restent là en désordre, au milieu de la pièce, Mme M. va-t-elle penser que je suis très désordonnée ? Si je les range, va-t-elle penser que je suis maniaque, que je ne supporte pas un peu de désordre de la part de Louis ? Naturellement, je n'ose pas lui demander son avis de crainte que cette fois elle ne me trouve stupide !

La peur de son jugement pèse encore sur moi, et pèsera jusqu'à ce que je comprenne que Mme M. ne porte pas de jugements de valeur et ne rend pas les mères coupables des difficultés rencontrées avec leurs enfants.

Louis, pendant ces séances-là, joue uniquement avec des pistolets. Il nous « tue » inlassablement. Nous devons « faire les mortes ». Il vient ensuite nous ressusciter.

Par la suite, Louis se cache avant de nous « tuer ». Avant de tirer, il dit : « Je te tue avant que tu me tues. » La thérapeute me fait remarquer à ce moment que son agressivité n'est qu'une réponse à une peur.

J'attends un peu comme la manne les explications que Mme M. me donne sur les séances. Mais nous ne pouvons pas facilement nous parler... Louis ne le supporte pas, il considère Mme M. comme sa propriété.

Mes rapports avec lui ne sont pas encore vraiment changés, mais je commence vraiment à me rendre compte qu'il se débat dans ses difficultés, comme moi dans les miennes, et qu'elles ont sans doute un lien entre elles, ce que je n'avais jusqu'ici compris qu'intellectuellement.

Après ces séances consacrées à « nous tuer », Louis commence à organiser un peu plus ses jeux. Il nous divise en cow-boys et Indiens. Il y a ensuite le cérémonial de la résurrection.

En dehors de ce jeu, Louis va aussi de temps en temps préparer des biberons dans un petit cabinet de toilette attenant à la pièce. Il se cache et je ne vois pas ce qu'il fait. Mme M., seule, a le droit de s'approcher de lui. Cela m'agace et m'attriste même un peu.

Commentaire

Responsable mais pas coupable

Cet épisode des chaussures de Louis, relaté par sa mère avec beaucoup de simplicité, peut paraître anodin ; il montre cependant combien Mme D. se place vis-à-vis de moi en position de dépendance, dès le début de la psychothérapie. Elle agit comme si elle me croyait toute-puissante, et elle craint que je ne la juge mal : « la peur de son jugement pèse sur moi ». Son souci d'être bien jugée montre à nouveau combien elle se sent importante dans les relations qui commencent à se nouer. Que Mme D. soit désordonnée ou non m'importe peu, bien sûr. Ce qui m'intéresse, en premier lieu, ce sont les réactions et les attitudes de Louis et ce que je peux en comprendre.

Il faudra un certain temps pour que Mme D. se rende vraiment compte que je ne la juge pas coupable des difficultés de Louis. Cependant, elle va comprendre peu à peu qu'elle en est inconsciemment responsable. Ces difficultés proviennent de son comportement à travers lequel elle « rejette » une partie de la personnalité de son fils, reste sourde à certaines de ses demandes et l'empêche d'être tout à fait lui-même. Ce rejet, Louis le ressent vivement.

Agression ou défense

Pour moi, si j'agis si peu, c'est que je suis à l'écoute, et Louis, qui se sent « entendu », commence à parler à travers ses jeux. Mais d'abord, pour pouvoir s'exprimer, il lui est nécessaire de faire semblant de tuer sa mère : « Je te tue avant que tu me tues. » Dans cette agressivité[1] *jouée, il s'agit d'une manifestation de défense. En effet, dans son fantasme*[2]*, il vit sa mère comme agressive, probablement parce qu'elle ne respecte pas son indépendance et sa personnalité, en ne le croyant pas capable d'agir et de désirer pour son propre compte.*

Pour lui, il en est encore à se libérer de ce qui l'oppresse, sa mère est ressentie comme dangereuse, tout est dangereux : sa seule réaction est de tuer.

Parce que Louis n'a pas encore établi de véritables relations avec moi, il nous confond encore, sa mère et moi. Dans son jeu, il nous tue l'une et l'autre. Son fantasme d'agression est si fort qu'il en est intolérable. Il doit ensuite nous ressusciter et s'assurer encore que nous sommes bien en vie.

Dans un deuxième temps, Louis introduit un système

1. Voir lexique.
2. Voir lexique.

d'alliance, montrant par là que tout n'est plus entièrement mauvais ou dangereux. Son système de cow-boys et d'Indiens va lui permettre de mettre d'un côté ce qui chez sa mère est bon pour lui, et, de l'autre, ce qui est dangereux, c'est-à-dire ce qui, dans ses fantasmes, peut compromettre son intégrité.

Image de la mère

Pour un petit enfant, tout le bien, tout le bon vient de sa mère : la nourriture, la tendresse, la sécurité.

Mais, très vite, ce personnage tout-puissant deviendra source de frustrations[1] *pour l'enfant : elle n'est pas toujours là, elle ne comprend pas tous les besoins. Bien plus, tout ce qui arrive de déplaisant à l'enfant, même indépendamment de sa mère, est rattaché à cette figure centrale de son univers. En effet, il est très important qu'une « bonne mère » soit en même temps une mère frustrante, qu'elle apprenne progressivement la frustration à son enfant, qu'elle ne soit pas toujours à son entière disposition comme elle a dû l'être pendant les premières semaines. Il est très important aussi que la mère continue à exister pour elle-même, à avoir une vie propre, indépendamment de son enfant. Elle ne pourra combler celui-ci entièrement. Ce manque va permettre à l'enfant de s'indi-*

1. Voir lexique.

vidualiser et de se structurer : l'attente de la satisfaction lui fera découvrir son existence séparée de celle de sa mère. L'enfant, petit à petit, devra apprendre à superposer les deux images de sa mère, la bonne et la mauvaise coexistant dans la même personne. Il faut aussi que la mère accepte cette image ambivalente d'elle-même, qui est celle de tout être humain, et que ses relations à l'enfant équilibrent et intègrent ces deux aspects.

Cette évolution se trouve à l'origine de toute la vie psychique de l'enfant. C'est à partir de là qu'il se formera l'idée bien distincte du « bon » et du « mauvais », idée abstraite qui s'est formée à partir de la personne concrète de sa mère. Mais il y a une juste mesure à garder, la « mauvaise » mère trop frustrante peut devenir vraiment malfaisante en ne répondant pas aux besoins essentiels et en projetant sur l'enfant ses problèmes personnels.

Je favorise la régression

Dans une thérapie, la « mauvaise » mère peut redevenir la « bonne » mère. En séparant les bons et les méchants, Louis peut impunément aimer et détester sa mère, sentiment dont il n'est pas toujours conscient. Au cours du traitement, j'accepterai volontiers d'être la mauvaise mère, celle qu'il déteste, et d'être en butte à son agressivité telle qu'elle s'exprime par la parole et par le jeu. Ainsi sa mère peut redevenir la « bonne » mère. Je trouve souhaitable que l'enfant exprime ce besoin profond d'agressivité[1]*, qui est à la fois protection et défense, pour ne pas être atteint par sa mère. Un double mouvement s'enclenche ici. Louis « s'attaque » à sa mauvaise mère qu'il sépare de la « bonne » et va pouvoir retourner en arrière, « régresser*[2] *» en revivant les premiers mois de la vie ; ce que je favorise en soulignant et en encourageant ses tentatives. C'est ainsi que Louis va pouvoir retrouver une activité qui lui est propre et qui n'a plus besoin d'être agressive : il fait ses biberons et joue à se cacher. Il a surtout besoin de revenir en arrière, à l'époque où il était un bébé, pour revivre sa vie affective. C'est pourquoi les biberons vont jouer un rôle de plus en plus grand.*

Ces jeux de bébé, comme celui de la cachette, ne sont possibles qu'en dehors des yeux de sa mère, qui accepte surtout et valorise plus volontiers les manifestations intellectuelles, les attitudes de « grand ». Mais il sent que, moi, je suis favorable à ces jeux et que même je les souhaite pour qu'il se laisse aller à ses désirs.

Caché dans un petit cabinet de toilette, Louis va commencer à mener son jeu tout seul. Nous sommes encore au début de la psychothérapie, et déjà Louis commence à s'exprimer ; l'un de mes objectifs sera, tout au long des séances, qu'il puisse le faire librement.

1. Voir lexique.
2. Voir lexique.

Mme D. aimerait davantage d'explications, elle a le sentiment qu'on ne s'occupe pas beaucoup d'elle. Mais je ne peux pas lui parler pendant les séances comme elle le souhaiterait, je dois être entièrement disponible à Louis. Je ne me partage pas entre Louis et sa mère, je suis tout entière à l'enfant. Il a besoin de comprendre que ce qui est essentiel pour lui ne sera pas partagé et repris par sa mère. Quand il se sentira autonome, à ce moment-là, il pourra à nouveau partager avec sa mère.

Quant à celle-ci, son besoin d'explication est sans doute une manière de m'accaparer, mais elle a également l'envie et le besoin de parler. Dans cette forme de thérapie, il devient souvent nécessaire de voir les mères séparément pour qu'elles puissent parler de leurs problèmes personnels.

Réactions familiales

À la maison, Louis raconte à son père ce qui se passe pendant les séances. Il est très content de retourner chez Mme M., et heureux que je m'occupe spécialement de lui plusieurs heures par semaine.

Son agressivité me semble diminuer un peu. Ses difficultés d'alimentation subsistent encore, mais déjà la famille le supporte mieux.

Judith a un certain mal à accepter l'intérêt que toute la maisonnée porte au traitement de Louis, habituée qu'elle est à ce que notre intérêt et notre satisfaction se portent surtout sur elle.

Isabelle, au contraire, est ravie, car elle a eu beaucoup à pâtir de l'agressivité de Louis.

J'ai prévenu la famille proche, grands-parents, oncles et tantes, du traitement en cours.

Mes parents, tout en se rendant très bien compte de ce qu'il y avait d'anormal dans le comportement de Louis, pensaient que cela s'arrangerait bien tout seul.

D'ailleurs Louis s'entendait bien avec eux. Il sentait bien que ses grands-parents l'aimaient beaucoup. Ils avaient partagé nos peurs pendant ma grossesse et s'étaient d'autant plus réjouis de la naissance de Louis que c'était leur premier petit-fils après quatre petites-filles. Cela les portait à l'indulgence.

Cette nouvelle de la thérapie est accueillie à cette époque avec un certain scepticisme par ma mère, qui ne croit pas à son efficacité et pense que les choses ne sont pas si graves. En revanche, mon père, s'il montre une certaine circonspection, manifeste tout de même beaucoup d'intérêt. L'explication de Mme M. sur le mauvais emploi que Louis fait de son agressivité, son incapacité à mordre la viande alliée à son irritabilité envers ses camarades, l'a beaucoup frappé.

J'ai senti soudain qu'il pourrait coopérer au traitement de Louis. Louis n'a plus malheureusement ses grands-parents paternels. Ses oncles et tantes sont tous favorables au traitement. Certains d'entre eux trouvaient Louis malheureux, difficile, ou même bizarre par ses réactions incontrôlées et imprévisibles.

Les grandes vacances arrivent. Louis est capable pour la première fois de supporter une petite séparation d'avec moi, ce qui n'était jamais arrivé jusqu'à cette époque ; même les séparations dans la journée étaient toujours mal supportées. Il me les faisait « payer » à mon retour et les faisait aussi « payer » à la pauvre jeune fille au pair qui symbolisait à ses yeux mon absence.

Il part, huit jours avant nous, chez mes parents. Mon père entre admirablement dans le jeu psychothérapique. Il met en scène avec Louis une histoire dans laquelle il est le shérif et Louis le cow-boy. Il sait endiguer ainsi son agressivité, et réussit à lui faire manger de la viande pour la première fois en lui disant : « Cow-boy, c'est du buffle que je viens de tuer. »

Louis entre avec joie dans la fiction et « dévore » sa viande. Dorénavant, on ne sera plus obligé de la mouliner. Il sera très fier de nous montrer ses exploits lorsque nous le retrouverons, son père et moi. Nous en serons très heureux, comme d'une première bataille gagnée.

Il subsistera encore quelques difficultés à propos de la nourriture, notamment l'horreur de goûter quelque chose de nouveau.

Quand nous le retrouvons au bout de huit jours, Louis est encore difficile et « pesant » avec moi, mais déjà se dessine une nette amélioration. Les autres enfants, ses cousins, qui avaient peur de lui auparavant, le supportent beaucoup mieux et jouent davantage avec lui.

Commentaire

Le plaisir de mordre

Lorsque le shérif-grand-père donne au cow-boy Louis du « buffle », celui-ci peut dorénavant mordre dans la viande. Pourquoi ? C'est probablement parce que cette viande de buffle ne représente plus pour Louis la nourriture de la mère. Cette viande de buffle est la nourriture par excellence du cow-boy. Pour que Louis soit un vrai cow-boy, il doit être agressif et manger du buffle. Le shérif-grand-père, non seulement permet à Louis cette agressivité contrôlée, mais même l'encourage à manger cette nourriture à pleines dents. Avant cette complicité avec le grand-père, Louis ne se sentait pas le droit de mordre dans la viande donnée par sa mère. S'il avait mordu et s'il s'était montré ainsi agressif, il risquait d'être mordu en retour. De plus, la confusion inconsciente que la mère de Louis fait entre l'agressivité et la virilité (qui tient à sa propre histoire) pouvait entraîner chez Louis une assimilation inconsciente entre la morsure et la peur de la castration[1] *: s'il mordait, il pouvait perdre sa virilité, symboliquement bien sûr.*

À présent, mordre sa viande, c'est retrouver sa virilité sans danger, puisque Louis trouve dans son grand-père une bonne image d'identification[2] *à la fois virile et non agressive. Et on peut voir combien Louis fait un progrès rapide et spectaculaire dès que son grand-père reconnaît par le jeu qu'il est bien un garçon.*

En effet, jusqu'ici, le père semble jouer un rôle insuffisant dans la vie de Louis, bien que sa personnalité soit très marquée dans la famille, où on l'admire beaucoup. Mais il n'a pas une grande confiance en ses possibilités d'exercer son rôle paternel. Il est plus à l'aise dans une relation maternante, comme si son fils pouvait se passer d'autorité paternelle. C'est pourquoi, pour le moment, Louis choisit de jouer à l'homme avec son grand-père. Un peu plus tard dans la thérapie, son père retrouvera toute son importance.

1. Voir lexique.
2. Voir lexique.

Le biberon est-il bon ou mauvais ?

Au retour des vacances, Louis entre en grande section de maternelle. Il a alors cinq ans.

Nous reprenons les séances bi-hebdomadaires, mais dans une autre pièce. Celle-ci me paraît très nue, avec des petites chaises basses, un évier, un petit lit d'enfant en bois, une boîte remplie d'animaux, un biberon, des marionnettes, des poupées. Par terre, un linoléum.

Pourtant je me rappelle cette pièce avec émotion, car c'est là que se sont passées les séances cruciales qui m'ont permis de « retrouver » mon enfant, et de renouer mes liens affectifs avec lui.

En entrant dans cette petite pièce, Louis remarque tout d'abord l'eau. Il joue très longtemps à la faire couler, à éclabousser un peu, avec un regard interrogateur vers la thérapeute qui acquiesce en souriant. Je me demande intérieurement jusqu'où peut aller sa tolérance !

Puis Louis remplit un biberon et le boit. Quand il boit, Mme M. « bruite » et lui rappelle les souvenirs, encore proches, du lait qui coulait dans sa gorge quand il était bébé : « Oh, c'est bon, Louis, ça coule, c'est doux, c'est tiède, c'est sucré..., etc. »

Louis a souvent du mal à boucher son biberon avec la tétine en caoutchouc, et il vient toujours vers la thérapeute pour lui demander son aide. Mme M., toujours patiente, le lui rebouche quinze, vingt fois, avec la même sérénité. Quelquefois le bouchon saute et l'eau fuse partout ! Louis rit aux éclats devant le geyser. Mme M. et moi rions aussi de bon cœur.

Ce qui me frappe surtout pendant ces séances, c'est le mélange extraordinaire de sérieux et de gaieté avec lequel Mme M. considère la situation. La séance est toujours très vivante. Louis parle librement. Tout est naturel.

Plusieurs fois, il manipule le biberon comme si c'était son sexe, faisant semblant de faire pipi, alors qu'une seconde avant il le buvait comme s'il contenait du lait.

Ce comportement fait l'objet, pour la première fois, d'un commentaire de Mme M. : « Tu ne sais pas très bien si c'est du pipi ou du lait ! » Mme M. me fait remarquer que Louis n'arrive pas à faire le départ entre le bon et le mauvais. Pour lui, les deux sont mélangés.

Il me paraît évident alors que, si pour lui le bon et le mauvais sont mélangés, Louis ne peut se sentir en sécurité avec personne, et que ses accès d'agressivité incontrôlée correspondent à une peur également incontrôlée et incontrôlable.

Comme pour me faire mieux comprendre ce qui se passe dans son esprit, la séance suivante, Louis sort tous les animaux de la boîte. Il les dispose tous en désordre, sans séparation entre sauvages et domestiques, « méchants » et « gentils », ni classement par familles. Les seules relations que Louis établit entre ces animaux sont celles de la dévoration mutuelle. Ils se mangent tous les uns les autres, sans exception ; tout est dangereux et sans aucune protection.

Cette première découverte cruciale des problèmes de Louis m'a aidée considérablement. J'ai cessé de me croire visée quand il était agressif et j'ai commencé à substituer l'aide et la compréhension à l'exaspération ou même parfois au rejet.

Mais cette découverte, je n'ai pu la faire que parce que j'étais présente aux séances ; j'ai « vu », j'ai senti les fantasmes dans lesquels se débattait Louis. Mme M. m'en a donné l'explication très simplement, soit en décodant après coup ce qui s'était passé dans la séance, soit en attirant mon attention sur le moment même.

Tout au long de la thérapie, mon attitude s'est modifiée sans que j'aie jamais reçu de « conseils », aussi bien au sujet de mon attitude pendant les séances elles-mêmes que pour mon comportement à la maison.

J'ai compris aussi que ce qui se passe dans une thérapie est du domaine de l'imaginaire. Dans la vie quotidienne, je ne peux pas agir avec Louis comme je le fais pendant les séances. Louis d'ailleurs ne se conduit pas à la maison comme chez Mme M. Il ne reprend jamais les mêmes jeux.

À la maison, je fais part à mon mari de cette découverte importante pour moi : Louis se débat donc dans une vie où le bon et le mauvais sont mélangés ; il ne peut pas s'y retrouver. Il lui faudra d'abord apprendre à séparer le mauvais du bon pour accepter ensuite que, en fait, dans la vie, le bon et le mauvais soient présents ensemble dans les mêmes personnes.

Nous avons beaucoup discuté sur ce point mon mari et moi. Il trouvait d'abord trop simpliste et trop puérile cette séparation absolue entre bons et méchants, comme par exemple celle qui existe dans l'histoire de Zorro qui fascinait tant Louis (et moi aussi !). Mais il a ensuite admis les explications que Mme M. m'avait données sur la nécessité pour l'enfant de séparer d'abord le bon du mauvais pour pouvoir ensuite accepter leur coexistence (et non leur mélange) en chacun de nous. Si cette première séparation (qui doit être faite tôt dans la vie de l'enfant) ne se fait pas, l'enfant reste dans le mélange, ce qui est le cas de Louis. Tout est alors angoissant.

Commentaire

Redevenir bébé

Louis est très à l'aise dans cette cuisine qui paraît nue à sa mère. En réalité, elle est à la hauteur de l'enfant, tant sur le plan corporel qu'imaginaire.

Dans cette pièce, tout le concerne directement. Louis revit des moments qui ne sont pas encore oubliés. On sent le temps du « nourrissage » encore tout proche. Le passé peut remonter à la surface et, dans ces conditions, Louis peut se conduire comme lorsqu'il était bébé. Il peut « régresser[1] *». Or c'est précisément ce que je désire : qu'il puisse exprimer ses fantasmes de retour en arrière et qu'il puisse les revivre. Pendant que Louis joue avec les biberons, Mme D. est encore préoccupée par elle-même, par ses interdits : ce qui est permis et ce qui est défendu.*

Mme D. ne voit pas encore quel plaisir Louis prend à ces jeux et combien il revit, en les répétant sans cesse, les

1. Voir lexique.

besoins du premier âge, qu'il n'a pas suffisamment bien satisfaits.

Au cours des psychothérapies, on voit fréquemment des jeux répétitifs : selon P. Mâle et A. Doumic-Girard : « ... la répétition est gain de plaisir. Ce besoin de répétition n'a jamais été complètement satisfait par la mère qui souvent garde son rythme propre. Dans la thérapie, on a l'impression que ce n'est que lorsque l'enfant a été "jusqu'au bout", que la satisfaction lui permet de passer à d'autres recherches. La répétition est aussi maîtrise de l'angoisse et a une valeur abréactive... [1] »

Plaisir et sécurité nécessaires

On peut dire d'une manière générale que l'enfant passe par différents stades de développement, non seulement physiques mais psychologiques. Il ne peut accéder pleinement au stade suivant et s'y épanouir, même s'il en a le désir, s'il n'a pas été comblé dans ses désirs affectifs au stade précédent : par exemple son désir du premier âge d'être nourri et tenu avec plaisir, ou encore celui de sucer, et de boire du lait tiède et sucré. C'est ainsi que Louis en buvant son biberon revient au stade précédent d'une manière répétitive.

Dans la toute petite enfance, bonne mère et bon lait sont

1. *Op. cit.*

confondus. Ils représentent tout ce qu'il y a de meilleur, et c'est à partir de là que la notion de bon se forme pour le bébé. Or, Louis n'a pas bien intégré le lait comme quelque chose de bon pour lui : il vomissait ses biberons une heure après les avoir pris. Pour la mère, le nourrissage s'est fait dans l'anxiété ; la perspective du vomissement redouté l'empêchait d'éprouver du plaisir à nourrir son enfant. Ces moments à deux étaient devenus des moments sans joie, autant pour la mère que pour l'enfant.

Certaines mères peuvent donner l'impression, à qui les regarde faire, de s'occuper parfaitement de leur nourrisson, de bien le nourrir, de bien le langer. Cependant, si elles n'y éprouvent pas une satisfaction personnelle et un réel plaisir, le nourrisson le ressent profondément.

Séparer le bon du mauvais

Dans le cas de Louis, même si sa faim a été assouvie, tous ces moments désagréables passés avec sa mère, assimilés à la personne de sa mère, ne lui donnent pas le plaisir et la sécurité nécessaires. Le besoin d'une tendresse paisible, d'une calme constance, n'a pas été satisfait. Les sensations de Louis lorsqu'il prend son biberon ne sont donc pas, la plupart du temps, celles de la réplétion et de la pleine satisfaction. Même s'il a tété et sucé, il n'y a pas pris suffisamment plaisir. Louis n'a pas assez connu la sensation du « bon » à l'intérieur de lui-même.

Il est essentiel pour le petit enfant d'intégrer le bon en tant que bon. Il peut, à partir de là, reconnaître le mauvais, et séparer le bon du mauvais. À ce point de la thérapie, Louis mélange encore le bon et le mauvais, ce qui a tellement frappé sa mère. Plus tard seulement, il assumera leur séparation.

Pour le moment, je ne fais pas de commentaire lorsqu'il mime le geste de faire pipi avec le biberon, mais je souligne le mélange qu'il fait entre le bon contenu du biberon, « le lait », et son mauvais contenu, « le pipi ». Ce simple commentaire sur le mélange est intéressant à la fois pour Louis et pour sa mère. Pour Louis, il lui permet de prendre conscience du mélange de bon et de mauvais dans lequel il vit, ce qui, je pense, est « maturant[1] *» pour lui en lui donnant des points de référence stables. Quant à Mme D., très sensible à tout ce qui a trait à ses mauvaises relations avec son fils, elle cherche surtout à travers les séances à trouver une explication à l'agressivité de Louis. Ce commentaire, longuement repris par elle, montre combien cette découverte de la non-séparation par Louis du bon et du mauvais, symbolisée d'abord par le biberon puis par les animaux*[2]*, est capitale pour elle. Elle en a discuté avec son mari longuement, ainsi un dialogue à trois s'est établi.*

1. Voir lexique.
2. Il est habituel que l'enfant, à l'âge de Louis, distingue bien parmi les animaux les « gentils » et les « méchants », et qu'il les sépare les uns des autres.

Je reprendrai d'ailleurs ce thème de discussion avec le père de Louis. Je voudrais souligner que dans cette séance l'important pour moi est que Louis continue à régresser. Il pourra ainsi bientôt réparer les manques vécus dans la relation avec sa mère.

Louis va donc reprendre certains moments de sa vie et les vivre avec sa mère, cette fois de façon positive, dans la thérapie. Cette restauration de la relation entre la mère et son enfant est le premier but de la thérapie. Je ne provoque pas artificiellement sa maturation pour qu'il accède au stade suivant. Je fais confiance à l'enfant, ne faisant que souligner et favoriser les moments essentiels, par exemple en accompagnant le bruit du lait qui coule.

L'enfant se sent à sa hauteur, il sent que j'encourage sa régression, que je souhaite sa progression, que je suis contente avec lui au moment où il en est et comme il a envie d'être.

Devant ce jeu si important, qu'importe que le sol soit mouillé ou non. Il suffit que la pièce soit aménagée pour que le thérapeute soit débarrassé de tout souci matériel. Il n'est donc pas question de patience.

Sans doute, je ne supporterais pas tout de la part de Louis, pas plus que de n'importe quel enfant. Par exemple, de le laisser casser un objet dans la pièce. Mais, là, il s'agit d'un jeu où Louis exprime ses fantasmes et non d'un manège provocateur. Louis a besoin d'aller au-delà des permissions sociales habituelles.

Le droit de désirer

Lors des premières séances, Louis est encore dépendant du désir inconscient de sa mère qui l'empêche d'être un garçon à part entière. Mme D. est mal à l'aise devant le sexe du garçon, comme elle le dit. Elle répond mal aux manifestations viriles de Louis qu'elle ne peut admirer, car elle en a peur. De plus, la mère n'est pas arrivée à oublier l'enfant qu'elle a perdu, elle a probablement regretté d'avoir à s'occuper du bébé Louis plutôt que de cet enfant qu'elle a désiré, et qui est mort.

En « faisant le bébé », Louis s'exprime effectivement comme il le désire. Maintenant, il peut se permettre un désir qui lui appartienne : ce qu'il a envie de faire, il le fait. Et il sent que je suis d'accord. Dans sa famille, il n'a pas pu jusqu'ici se laisser aller à ses désirs profonds. L'ambiance familiale est principalement centrée sur le domaine intellectuel, et Louis sait bien ce qu'on attend de lui : il doit grandir, progresser, être brillant comme ses sœurs. Mais Louis n'est pas capable de répondre aux souhaits de ses parents par une conduite appropriée, il ne trouve pas de comportement « normal », raisonnable dans la vie courante. Il exprime son trouble par une conduite agressive, tyrannique, déconcertante, qui a renforcé encore sa mère dans son souhait de le voir grandir, pour qu'elle ait moins à s'occuper de lui. Ce n'est qu'à travers la thérapie que l'enfant peut enfin revenir et accéder aux périodes oubliées et combler les manques.

Se manger l'un l'autre

Dans le jeu des animaux, ce n'est pas par hasard que Louis exprime ses fantasmes[1] *de dévoration : il s'agit de dévorer pour ne pas être dévoré. Toutes les bêtes, dans son jeu, se mangent entre elles et mangent pour ne pas être mangées. Il est revenu au stade de régression où la dévoration est prépondérante, au moment où l'enfant qui tète croit manger sa mère, a peur de la manger, a peur d'être mangé. Les fantasmes de dévoration sont très présents dans l'imagination enfantine, on en voit l'expression populaire dans les histoires d'ogre et de loup.*

On remarquera que, si jusqu'alors Louis n'introduit pas son père ouvertement dans ses jeux, Mme D. parle à son mari de ce qui se passe pendant les séances, lui fait part de ses découvertes, et M. D. participe ainsi à la thérapie de Louis.

1. Voir lexique.

Bambi

Après les séances de jeu avec le biberon, viennent les séances de marionnettes.

Louis aime spécialement broder autour de l'histoire de Bambi. À mon grand étonnement, il invente avec une grande richesse d'imagination de nombreux épisodes de cette histoire : Louis est Bambi, la thérapeute est souvent la mère de Bambi ou le copain Panpan, et moi, son amie la Fleur.

Dans ces séances de marionnettes, je suis l'amie, la camarade, l'égale de Louis, jamais sa mère. Mme M. me le fait remarquer. Cette constatation me vexe et, même, me fait de la peine.

Mme M., quand elle joue le rôle de la mère de Bambi, est parfois agressive, et quand elle joue le rôle de Panpan, elle fait parfois des « bêtises » qu'elle invente. Elle n'acquiesce pas toujours aux propositions de Louis, et je me demande toujours quels sont ses critères.

Peut-être veut-elle déculpabiliser Louis ?

Lorsque je propose d'autres thèmes que ceux de Louis, je ne réponds pas ce que Louis me dicte de répondre, Mme M. me dit de respecter son désir. En fait, j'aime intervenir, proposer des changements, et je trouve injuste que Mme M. m'interdise de jouer des rôles, alors qu'elle-même joue ses rôles autrement que Louis ne les propose. De quel droit ?

Par exemple : Bambi-Louis va au cinéma avec ses copains et va s'acheter des glaces. Il va demander de l'argent à sa mère-thérapeute, qui parfois le lui refuse. Est-ce changer le jeu de Louis, ou non ?

Je suis perdue dans mes problèmes d'intervention ou de non-intervention...

À la même époque, je poursuis des études de psychologie de l'enfant. J'en suis à la théorie, mais non à la pratique !

J'apprends à faire passer des tests et j'ai l'idée de faire tester mes enfants. Je suis stupéfaite de voir que Louis a un quotient intellectuel supérieur, alors que j'ai toujours eu peur « qu'il ne soit retardé » (Mme M., qui savait parfaitement ce qu'il en était, m'a fait remarquer plus tard, lorsque je lui en ai parlé, mon aveuglement au sujet des capacités intellectuelles de Louis). Cette découverte m'a remplie de joie, mais m'a également décontenancée : comment ses attitudes, ses propos m'avaient-ils échappé à ce point ? Alors que, pour Judith, le résultat superbe était évident pour moi.

Commentaire

Saisir l'occasion

Mme D. commence enfin à admirer son fils et à apprécier ses possibilités. Jusqu'alors, elle ne connaissait pas son imagination, et doutait même de son intelligence.

Pendant les séances de marionnettes, Mme D. souffre de ne pas jouer le rôle de la mère, elle pense que son enfant ne la juge pas digne de le faire. Elle craint également que je ne la juge moi-même à ce propos. Pourtant, Louis a pressenti que Mme D. a en elle les possibilités d'être une bonne mère, qu'elle pourrait être stable et disponible, mais c'est moi qu'il choisit pour jouer ce rôle car il sent que je peux le remplir et que sa mère n'y parviendrait pas pour le moment.

Louis a compris tout de suite que le jeu va être important ; c'est sur moi qu'il va projeter ses conflits familiaux. Les marionnettes, par leurs gesticulations et leur langage, se prêtent particulièrement bien à la symbolisation des conflits.

Mme D. ne distingue pas bien la liberté que je prends

dans le cadre de mon rôle et la liberté qu'elle prend en changeant de rôle. Contrairement à ce que pense sa mère et à l'inverse de son attitude habituelle, je laisse Louis s'exprimer, je ne le contredis pas, je ne change pas les rôles qu'il a proposés, je ne dirige pas son imagination. Mais je me permets de temps en temps des initiatives dans le cadre de mes rôles. Sans doute je joue la mère, et je conserve ce rôle jusqu'au bout. Mais en tant que mère je peux dire tantôt oui, tantôt non à mon enfant, comme le font toutes les mères.

Pendant ces séances, Mme D. redouble d'envie d'intervenir et d'agir à la place de Louis et à la mienne. Manifestement, elle redoute d'être dépossédée à mon profit de sa relation affective avec Louis. Pendant le jeu des marionnettes, l'occasion lui est donnée de jouer un rôle de mère qui puisse répondre à l'attente de Louis. Mais cette occasion, elle n'est pas encore prête à la saisir : elle n'a pas encore compris.

Histoire de la petite fille

Après ce groupe de séances consacrées aux jeux de marionnettes, Louis commence à dessiner pour la première fois.

Pour son premier dessin, il représente une petite fille dont sa grand-mère lui avait raconté l'histoire quelques jours auparavant. En effet ma mère raconte souvent, ou invente, des contes qui émerveillent ses petits-enfants. Cette histoire l'avait beaucoup frappé. Il s'agissait d'une petite fille qui refusait de manger autre chose que du sucre, et notamment refusait toujours sa soupe. On lui avait prédit que, si elle continuait ainsi, elle risquait de devenir toute petite. Un jour, en effet, elle rapetissa de façon spectaculaire. Elle eut alors horriblement peur de rester ainsi et se précipita pour manger de la soupe, et récupérer ainsi sa taille normale. Si par hasard elle remangeait trop de sucre et refusait sa soupe, elle rapetissait à nouveau.

Louis dessine donc la petite fille à sa taille normale, puis toute petite, puis de nouveau à sa taille normale, etc.

D'après la facture du dessin, Mme M. me dit qu'à son avis la petite fille c'est moi, et que Louis n'arrive pas à me garder à la même taille. Il n'arrive pas à me maintenir comme mère.

Ce n'est d'ailleurs qu'une autre façon de le montrer, car, déjà dans le jeu de Bambi, j'ai toujours joué le rôle d'un petit ami et jamais celui de la mère.

En fait, les difficultés que j'ai à assurer mon rôle de mère, à me sentir vraiment la mère de Louis, sont une souffrance très vive pour moi. Je ne sais jamais comment m'y prendre avec Louis. Faut-il le forcer ou non à manger ? Faut-il me laisser battre par lui, accepter toujours ses demandes innombrables ? Dans quel cas dire non ? etc. Ce rôle de mère, si facile pour moi avec mes aînées Isabelle et Judith, m'est impossible à remplir avec lui. Tout fait question.

Ma prise de conscience du fait que Louis a ressenti tout cela est à la fois douloureuse et bénéfique. C'est comme si mes difficultés m'étaient renvoyées en miroir par celles de Louis.

Mme M. ressent sûrement tout cela et ne perd jamais une occasion, en fait, de monter en épingle mon efficacité de mère à propos des moindres choses. Par exemple, nouer des lacets, lancer une balle, installer un jeu, répondre à une question. Elle dit à chaque fois : « C'est les mamans qui savent faire ça, les Mme M., elles, ne savent pas. »

Elle prend sur elle, en quelque sorte, tout le mauvais, et me rend le bon. C'est comme une sorte de processus de restauration où Louis me découvre comme « bonne », de même que moi je le découvre comme passionnant et je cesse de le ressentir comme mauvais. Mme M. se dévalorise en me valorisant sans pour autant y perdre son prestige.

Elle joue un peu un rôle de catalyseur dans nos découvertes l'un de l'autre. En général, à chaque fin de séance, Mme M. la « décode » pour moi, ce que je désire ardemment. Il me semble que sans ces explications je n'aurais rien compris, donc rien appris, et que par conséquent la séance ne me servirait à rien. Ce qui « importe » le plus, je ne le vois pas encore, c'est que Louis puisse s'exprimer. Mais il supporte toujours aussi mal que Mme M. me parle, nous n'avons toujours pas le droit de nous parler entre nous. La séance lui appartient, c'est lui qui dispense la permission de parole.

Louis déteste partir quand la séance est finie. Il ne le supporte que si Mme M. cache quelque chose qu'il retrouvera ensuite à sa place. Il faut le préparer longtemps à l'avance pour le départ.

Commentaire

Les transformations inquiétantes

Louis dessine pour la première fois et choisit précisément d'évoquer des thèmes qui l'angoissent : la transformation inquiétante que peut provoquer la nourriture. J'ai dit à Mme D., d'après la facture du dessin, qu'elle était la petite fille qui se transforme et que Louis n'arrivait pas à la garder à sa taille de mère. La séance suivante, que Mme D. a complètement oubliée (et qui est racontée ci-après d'après des notes que j'avais prises), éclaire précisément cet aspect de l'histoire ; elle montre encore mieux comment Louis a souffert de l'incapacité de sa mère à tenir son rôle de manière stable.

Cette même petite fille représente également Louis : c'est lui qui ne veut pas manger la soupe que la mère voudrait lui donner. Le sucre est un aliment de bébé régressif et bon. La soupe lui paraît dangereuse parce que sa mère lui paraît dangereuse. Dans la réalité, chez lui, nous savons qu'il mange mal, refuse tout ce qui est nouveau et pourrait le faire grandir.

Je ne manque jamais de valoriser le rôle de bonne mère de Mme D. Louis a besoin, en effet, de la voir jouer ce rôle, et Mme D. a besoin de le jouer. C'est pourquoi je souligne tout ce qui peut paraître maternel dans son attitude. Bien sûr, Mme D. n'a pas encore changé mais Louis, comme elle-même, commence à sentir la source des difficultés de leur relation. Ils vivent avec d'autant plus de bonheur tout ce qu'il y a d'agréable entre eux. Quant à l'agressivité de sa mère, Louis, s'il le désire, peut s'en venger sur moi, à travers ses jeux. Il m'a déjà « tuée » plusieurs fois[1]*. Ayant accepté qu'il puisse y avoir une mauvaise mère, il peut jouir enfin de la bonne.*

1. Au cours de thérapies avec d'autres enfants, il m'est arrivé d'être bâillonnée avec du ruban adhésif, ou qu'un enfant me laisse enfermée dans un placard pendant qu'il joue avec sa mère avec un plaisir partagé.

« Mon ventre éclate[1] ! »

En arrivant, Louis choisit parmi les jouets un cheval en plastique. « Ce sera la maman, dit-il, et voilà son bébé » (il prend un cheval plus petit). Ils vont se promener, et la maman apprend à son bébé à courir, le bébé court bientôt plus vite que la maman, et elle est fière de lui. Puis ils vont manger. Le bébé mange de tout et il fait manger sa maman. Puis le papa se transforme en maman, le bébé se transforme en maman, et la maman se transforme en bébé. Alors ils meurent tous... Je fais remarquer à Louis qu'ils meurent quand ils se transforment. Lorsque Louis sera grand, il sera comme papa et le restera. Louis ne répond rien, il va prendre le biberon et joue un moment à faire le bébé, en suçant la tétine. Puis il se dirige vers le petit fourneau, rassemble les figurines qui représentent divers animaux, des personnages, les fait bouillir... « Ils sont tous

1. Notes de Mme M. prises après la séance oubliée par Mme D.

morts », dit-il. Il fait semblant de les manger : « C'est délicieux, mais mon ventre éclate ! Maintenant ils ressortent... »

Commentaire

Le monde à l'envers

Pour qu'un enfant ait envie de grandir, il faut qu'il puisse avoir envie de ressembler aux adultes qui l'entourent. Encore faut-il que ces adultes soient des personnes stables auxquelles il puisse se référer, qui ne se transforment pas, qui restent à leur taille d'adulte, gardent leur rôle et occupent bien leur place de père et de mère. Pour Louis, cela n'a pas été le cas. En ce qui concerne Mme D., tout ce qu'elle a raconté de son passé le montre avec évidence, elle n'a cessé de changer aux yeux de son fils. Quant à M. D., il a eu du mal à exercer son rôle paternel ; la place que tient sa femme dans la famille, sa propre personnalité assez anxieuse, son histoire familiale l'en ont empêché. De plus, avec les difficultés que Louis a causées dès sa naissance et la fatigue de Mme D., il a dû souvent « la remplacer » auprès de Louis. Dans la séance de la petite fille, et plus encore dans la scène de la transformation des chevaux, Louis exprime à travers son jeu et ses histoires qu'il n'arrive pas à garder son père et sa mère à une place déterminée, puisque chacun se transforme et prend une place différente dans la famille. Comme elle l'a raconté, Mme D., après sa fausse couche, ne s'est pas permis de donner une place d'enfant, ni surtout de fils, à Louis. Elle ne s'est pas davantage donné une place de mère.

Dans l'histoire de Louis, le bébé cheval devient maman ; la mère devient bébé. Mais ils en meurent. Peut-être Louis essaie-t-il de dominer sa mère, de vivre un peu par lui-même : c'est le bébé qui donne à manger, qui court le plus vite, on est enfin fier de lui... Mais c'est le monde à l'envers, rien n'est sûr, rien n'est normal. L'incertitude où se trouve Louis est mortelle.

L'allusion à la nourriture qu'il se prépare lui-même est intéressante : il trouve sa soupe délicieuse, alors qu'en réalité aucune nourriture ne lui paraît bonne, et qu'il n'aime pas manger. Mais ce qu'il mange ici dans son jeu, ce n'est pas la nourriture maternelle, qu'il trouve dangereuse, mais celle qu'il se prépare : sa soupe. En ingurgitant son étrange cuisine de cadavres, il manifeste en quelque sorte un désir de toute-puissance. S'il dit ensuite que « son ventre éclate », c'est probablement une façon pour lui de se déculpabiliser[1]*.*

Par ailleurs, j'essaie bien d'assurer Louis qu'il sera

1. En les faisant revivre.

plus tard comme son père, mais cette perspective lui paraît encore impossible à assumer. Il a encore besoin de rester petit, de se rassurer en faisant le bébé. Les séances suivantes montreront à quel point ce désir est primordial.

Plaisir du maternage

Nous sommes maintenant aux alentours de Noël, toujours dans la petite « cuisine » où Louis est si à l'aise pour jouer comme il le désire. Louis s'aperçoit qu'il y a un lit d'enfant, en bois, qu'il n'a pas jusqu'alors remarqué. Il se met dedans en se pelotonnant. Une fois installé, il réclame un biberon. Cette fois-ci, c'est à moi qu'il le demande et non à Mme M. Je prépare le biberon d'eau sur l'évier, le lui apporte, et le lui donne à boire. Sitôt le biberon bu, il se lève et vient sur mes genoux pour être câliné, puis retourne à son lit et redemande le biberon.

Toute la séance se passe ainsi, Louis se met au lit, je le nourris et il vient ensuite sur mes genoux, je le caresse, le dorlote, le câline.

Pendant tout le temps, Mme M. dit : « Hum, c'est bon le biberon de maman. Ça coule, c'est doux, c'est tiède, c'est sucré. Elle sait bien faire les biberons, maman. Elle préparait des bons biberons comme ça pour son petit Louis. Elle le berçait, elle le cajolait... » Les commentaires ont des effets complexes sur moi. Tout d'abord, ils me culpabilisent beaucoup, car je sais bien que ce que dit Mme M. n'est pas exact : je n'ai pas cajolé, ni bercé, ni caressé Louis avec ce plaisir quand il était bébé ; mais en même temps, je peux le faire maintenant, c'est comme une merveilleuse réparation, il n'y a plus d'irrémédiable, et je dorlote Louis dans la séance avec une joie intense.

J'ai déjà découvert que Louis est intéressant, intelligent, qu'il a des problèmes difficiles à résoudre, en relation avec les miens. Mais voici qu'à cette séance je découvre l'amour sans nuage, la relation chaleureuse et affective, l'échange avec mon petit, sans arrière-pensées, sans difficultés, sans culpabilité. Je ne saurais dire l'impression de restauration et de gratitude infinie envers la thérapeute qui me saisit. C'est comme une levée d'écrou.

Commentaire

« Être heureux ensemble »

On sent, à travers le texte de la mère, l'émotion profonde et l'importance de ce qui se passe.

Louis a beaucoup évolué pour en arriver là, mais elle tout autant que lui : la thérapie s'est adressée à eux deux.

Nous assistons à une véritable résurrection de la relation entre Mme D. et son fils. Ils peuvent prendre du plaisir à ce nouveau lien, la thérapie leur a permis cette réparation, cette régression. Ce qui s'est passé entre eux pendant les séances pourrait paraître étrange vu de l'extérieur — cette mère s'occupant d'un garçon de cinq ans comme d'un tout-petit. Mais ils ne se sentent pas ridicules, et ils ne le sont d'ailleurs pas. Mme D. ne pense plus à l'effet qu'elle peut produire sur moi, ma présence ne la gêne pas non plus. Au contraire, comme Louis, elle sent mon accord.

Jusqu'ici Mme D. avait fait de son mieux pour s'occuper de Louis, mais avec restriction et culpabilité. Maintenant, elle a envie de s'occuper de lui comme d'un bébé, ce qu'elle n'avait pu faire jusque-là, elle s'est enfin séparée de l'histoire de sa fausse couche, elle renonce à l'enfant qu'elle a perdu. Louis répond avec bonheur à ce désir de sa mère, qui lui permet de faire ce qu'il n'a jamais pu faire auparavant.

Ces séances montrent à l'évidence combien les gestes quotidiens de soin, de nourriture, qui paraissent si ordinaires, sont lourds de signification affective.

En fait, ce ne sont pas tant les gestes eux-mêmes qui comptent entre la mère et le nourrisson, mais ce qu'on pourrait appeler leur « charge affective » : deux mères peuvent tenir leur enfant apparemment de la même manière, enveloppante, mais l'une y mettra son désir de posséder l'enfant, de le garder pour elle, de l'empêcher de « vivre sa vie ». L'autre lui donnera protection et sécurité, sans cependant entraver sa liberté ; bien plus, au contraire, elle jettera ainsi les bases qui lui permettront d'accéder plus tard à l'autonomie.

Cette intensité affective, l'enfant la perçoit de tout son corps, il sent instinctivement quelle est la véritable personnalité de sa mère, dans une sorte d'osmose où toute sa sensibilité est en éveil.

Pendant ces séances, la charge affective de cette époque antérieure est restaurée : les mêmes gestes sont refaits, mais cette fois-ci les deux partenaires sont en « phase », la communication heureuse s'établit.

La thérapie d'un enfant chez qui la première enfance est encore proche permet plus facilement que chez un adulte de faire revenir à la surface ces scènes primordiales où les relations de la mère et de l'enfant ont été mal vécues.

Comme le dit le docteur Doumic-Girard : « Le rôle de la mère sera primordial dans le rattrapage des échecs, dans la reprise maturative. Le "malentendu" si fréquent mère-enfant doit, dans bien des cas, être traité "à hauteur" même, ou presque, des phénomènes d'organisation[1]*. »*

Très souvent, dans les thérapies, l'enfant revit les conflits et les difficultés de relation à travers un jeu qu'il mène avec la thérapeute. Ici Louis va si loin qu'il abandonne presque le jeu pour les revivre directement avec sa mère.

---

1. *Op. cit.*

Le rêve de l'ogre

La séance suivante, Louis se met comme d'habitude dans le petit lit et réclame son biberon que je prépare comme la dernière fois à l'évier. Soudain, Louis commence à se mordre les poings, comme il le faisait lorsqu'il était tout petit et que le biberon ne venait pas assez vite. Puis il se met à geindre et tout d'un coup à pleurer, devant Mme M. et moi-même stupéfaites et bouleversées, avec le cri absolument caractéristique du nouveau-né.

Mon émotion est intense. J'apporte le biberon, et, voracement, il se jette dessus en mordant le fond du biberon et en se tordant de rage. Il n'est plus question de jeu, mais d'un moment de sa vie qu'il est en train de revivre avec intensité sous nos yeux. Mme M. dit alors de sa voix douce : « Quand tu étais petit et quand le biberon ne venait pas assez vite, tu étais vraiment très fâché et tu voulais manger le biberon, tu voulais manger tout, tu voulais même manger maman tellement tu étais fâché. »

À ce moment précis, Louis raconte un cauchemar

qu'il a fait : il a vu un ogre qui allait le manger, et qui lui a fait une peur terrible. Mme M. lui dit alors : « Tu sais, Louis, quand tu étais si fâché que tu voulais manger maman, tu avais peur aussi que maman te mange. Mais les mamans ne mangent jamais leurs petits enfants. »

Louis écoute sans rien dire, apparemment rien ne semble changé et pourtant, à partir de cet instant vraiment historique de notre vie, Louis n'a plus jamais donné un seul coup de poing incontrôlé, comme il le faisait si souvent, à qui que ce soit. Cette scène est restée pour moi la plus cruciale de toute ma vie avec Louis.

Je découvre, je vois de mes yeux que l'univers de mon enfant a été un univers effrayant, dominé par la crainte d'être détruit, mangé, dévoré.

Après avoir montré dans ses jeux de pistolet la peur d'être tué, il montre maintenant, à travers l'histoire de l'ogre, celle d'être mangé. À cette crainte d'être dévoré, correspondent le désir et la peur de dévorer, ainsi que j'ai pu le constater quand il a mordu avec tant de violence le fond du biberon, le bois du lit et ses poings.

Toutes les acquisitions normales de son âge s'étaient greffées par-dessus cet univers souterrain, provoquant ces actes agressifs isolés que je ne m'expliquais pas.

Cette crainte d'être dévoré ne sera pas détruite en un

jour, elle reviendra dans les prochaines séances. Mais à travers ses jeux, il va pouvoir l'attaquer de front, en jouer et finir par s'en débarrasser complètement.

Commentaire

Les mères ne mangent pas leurs enfant

C'est Louis lui-même qui conduit son jeu. C'est Louis qui nous indique dans cette séance où il ne joue plus, mais où il revit sa toute petite enfance devant sa mère, ses fantasmes de dévoration et ses désirs de puissance agressive. À l'époque où il les a vécus et où il était normal qu'il les vive, Louis n'a pu maîtriser l'angoisse d'être dévoré en retour.

Pourquoi ? Quelle était la disponibilité de Mme D. à ce moment-là ? Comment a-t-elle répondu à l'angoisse de son enfant ? Ce qui est certain, c'est qu'elle n'a pas pu le rassurer, le protéger. Incertaine elle-même, angoissée, son manque de confiance en elle et en Louis la rendait dangereuse pour lui. Elle n'a donc pas pu lui signifier, quelque part, qu'en aucune façon il ne devait avoir peur d'elle. Mme D. me dit du reste, plus tard en lisant ces lignes, que c'est elle qui avait eu la sensation d'être dévorée, détruite par Louis pendant sa grossesse, et qu'à sa naissance elle était exténuée, « vidée » de sa substance.

En disant à Louis que les mères ne mangeaient pas leurs enfants, je lui ai donné la permission de « fantasmer », sans craindre que ses imaginations se traduisent dans la réalité, sans que cette réalité devienne dangereuse pour lui. Il a la permission d'imaginer qu'il dévore sa mère, il ne sera pas dévoré en retour, il ne sera pas puni de ses pensées agressives. Cette peur, toute imaginaire qu'elle était, a pourtant été vécue comme réelle par Louis. Il voit maintenant d'où venait le danger : sa mère était dangereuse, elle ne l'est plus, et il peut se défendre contre elle. Le fantasme bien séparé de la réalité peut même devenir utile.

De son côté, Mme D. peut maintenant rassurer son fils, le protéger, reprendre sa place de mère sans qu'interfèrent ses craintes et ses angoisses personnelles.

Nous n'avions pas besoin, Louis, Mme D. et moi, de savoir clairement tout cela : l'élaboration théorique faite maintenant ne rend pas compte de notre impression d'évidence devant cette scène que nous avons vécue si intensément.

Les crocodiles

À ce moment du traitement, nous changeons encore de local. Nous quittons donc la chère « cuisine » dont j'ai oublié de dire qu'elle était attenante à des petits cabinets où Louis allait souvent avec un visible plaisir. Il y avait deux petites marches et Louis alternait le plaisir d'y aller seul, ou le plaisir de réclamer mon aide. En même temps que le lieu, nous quittons aussi un peu la liberté absolue que nous avions, car rien n'était fragile dans cette pièce, on pouvait éclabousser, cogner, etc.

Dans le local où nous allons, il y a des murs clairs qu'il ne faut pas salir, et des meubles fragiles. Mme M. devra interdire davantage de choses, mais le traitement n'en souffrira aucunement. La pièce est agréable, avec un divan, des fauteuils, certainement plus confortables que dans notre « cuisine » mais moins spécifiquement destinés aux petits. Une salle de bains juste à côté occupera beaucoup Louis. Un grand tapis se trouve au centre de la pièce.

Nous nous installons, et Louis décrète que ce tapis est

couvert de crocodiles. Par conséquent, nous devons rester les pieds soulevés au-dessus du tapis si nous ne voulons pas être mangées.

Louis prend des crayons qui se trouvent là (destinés en principe à dessiner !) et décide de les utiliser comme armes contre les crocodiles. Il nous distribue ces armes selon son envie, ses systèmes d'alliance et selon les dangers que nous courons. Il nous prévient de l'approche des sauriens, de quel côté ils vont et qui va être agressé...

Il se défend lui aussi, mais également il nous défend avec courage ! Le tout est fait avec sérieux mais sans panique ; jamais nous ne retrouverons l'intensité dramatique de la séance de l'ogre. Et pourtant, ce jeu est suffisamment important pour durer plusieurs semaines de suite.

À chaque séance, Louis et nous-mêmes détruisons les crocodiles, et ils renaissent toujours.

Il est très important de tuer les crocodiles, mais cela implique de casser les mines de ses crayons-armes. Mme M. les retaille patiemment, inlassablement, de la même façon qu'elle rebouchait les biberons (ce n'est toujours pas à moi que Louis le demande). Après la séance, Louis demande souvent à emporter les crayons. Mme M. ne le permet pas, mais en revanche elle les lui cache et Louis les retrouve dans la cachette choisie quand il revient, ce qui le rend très heureux.

Un jour, pourtant, Louis déclare tout d'un coup : il n'y

a plus de crocodiles, ils sont tous morts. Je repose mes pieds par terre en disant : « Tant mieux, j'en avais assez d'avoir les pieds en l'air. » Mme M. répond alors d'un air absolument naturel qui me confond : « Quand il y a des crocodiles, il faut bien les tuer. » En effet !

Pendant ces séances-crocodiles, j'ai l'impression que Louis épuise semaine après semaine sa peur d'être dévoré, de façon plus ou moins ludique, de moins en moins intense, et qu'à la fin, tout d'un coup, c'est fini. C'est pour moi une expérience assez fantastique d'avoir assisté à l'épuisement des fantasmes qui lui faisaient si peur.

Après avoir passé toutes ces séances à nous débarrasser des crocodiles dévorateurs, Louis continue à utiliser les crayons à d'autres fins que leur fin habituelle. Parmi les jouets, il y a une petite cuisinière en carton sur laquelle Louis tape de toutes ses forces avec les crayons. Il désire l'abîmer le plus possible et la cribler de trous. Il casse de nouveau les mines, tout ceci avec vigueur et même avec hargne. Il jette aussi les crayons avec force sur les murs, ce qui entraîne Mme M. à dire non à Louis. Je m'aperçois d'ailleurs que Louis commence à supporter qu'on lui dise non.

À la maison, Louis est beaucoup moins agressif. Il est encore assez « collant » avec moi ; il dit souvent « mais j'ai envie », ou « j'ai pas envie », comme seule justification de tous ses actes ; il supporte toujours difficilement la frustration, il mange encore mal. Mais il s'intègre doucement dans la famille, il n'agresse plus sans raison. En classe, sa maîtresse, qui est au courant du traitement et m'avait signalé au début son insociabilité, me parle maintenant de son intégration progressive et de son intelligence très vive.

Commentaire

Le droit de se défendre

Désormais, Louis se sent la permission de se défendre, de tuer l'agresseur. Les crocodiles mordent et dévorent : en les détruisant, Louis empêche sa mère, symboliquement, de le mordre et de le dévorer. Sa mère est présente, elle participe à la chasse. Jusque-là, une de ses manières de « mordre », de castrer Louis, était d'intervenir sans cesse dans tout ce qu'il faisait. Au fur et à mesure que la thérapie se déroule, elle apprend à le laisser jouer : elle a compris sans que je le lui dise l'importance pour Louis de vivre ses fantasmes jusqu'à les épuiser. En même temps, Mme D. nous dit qu'il ne se livre plus à des attaques impulsives à l'école. Il contrôle peu à peu sa pulsion agressive.

Les crayons-armes deviennent un objet représentatif, extrêmement important, de sa virilité. Mais lorsque Louis s'en sert pour se défendre, les « mines » sont cassées : c'est une castration symbolique[1]*. Cette bataille qu'il*

1. Voir lexique.

engage, c'est celle de sa virilité, encore incertaine. En lui retaillant les crayons, en les lui cachant, je lui donne le droit de les utiliser à nouveau, ce qui symboliquement le confirme dans son désir et son droit d'être un garçon.

Lorsque, plus tard, Louis se sert de ses crayons pour exclusivement abîmer et détruire (cuisinière en carton, murs) et non plus pour se défendre, je serai obligée de mettre une limite à ses actions destructrices dans la réalité, alors que je ne l'ai jamais limité dans ses fantasmes. À ce moment, il faut que Louis sente que « certaines bornes ne doivent pas être dépassées », s'il veut garder de bonnes relations avec les autres, être content de lui.

« Tout à coup il sait lire »

Nous sommes maintenant aux environs de Pâques, et de cette époque datent les premiers classements par Louis des animaux de la boîte : il range maintenant les méchants d'un côté et les gentils de l'autre, alors qu'auparavant les seules relations possibles étaient les dévorations mutuelles.

Or je m'aperçois exactement, à cette époque, que Louis a appris à lire en quinze jours. Il a cinq ans et demi.

Il n'est pourtant pas au cours préparatoire, mais en grande section de maternelle. Sa maîtresse n'insiste pas du tout pour faire lire les enfants, mais en donne la possibilité à ceux qui le veulent. J'apprends que Louis est le seul à savoir lire. Il me raconte combien il est heureux que sa maîtresse lui demande de faire la lecture à certains de ses camarades pendant qu'elle est occupée avec d'autres.

Il est aussi tout content de faire partie d'équipes qui vont se promener dans le quartier pour établir les plans des rues qui avoisinent l'école. Je décide d'aller revoir la maîtresse qui était au courant, comme je l'ai dit, de sa psychothérapie. Elle me dit : « Louis a fait des progrès intellectuels fulgurants. Tant sur le plan du vocabulaire et de la lecture que sur celui de la compréhension mathématique. Il a fait aussi de grands progrès dans son comportement. Il n'y a plus trace d'agression ; au contraire, il lit pour ses camarades, on commence à rechercher sa compagnie, à découvrir ses dons ; il ne fait plus peur. Si je n'avais pas vu, de mes yeux vu, l'évolution de Louis, jamais je n'aurais cru une telle transformation possible. »

C'est une maîtresse assez âgée, proche de la retraite, extrêmement compréhensive, en même temps que jeune d'esprit, sécurisante pour Louis, pleine d'invention et d'imagination pour passionner les petits. Louis l'adore et se sent soutenu et compris par elle. C'est aussi un facteur positif pour le traitement. La maîtresse « y croit ».

À la maison aussi, Louis change beaucoup. Il manifeste une curiosité intellectuelle intense et incessante. Il emploie des locutions rares à son âge qui nous amusent beaucoup : « d'ailleurs, en tout cas ». Ses sœurs le découvrent, et s'intéressent à lui, à ce qu'il fait. Le fait nouveau, qui prime tout, est que plus personne n'a peur de lui. L'impossibilité de prévoir ses décharges agressives nous effrayait vraiment et engendrait un rejet et une méfiance permanente.

Pour moi qui ai découvert l'ampleur de ses problèmes, et vois l'évolution si favorable, je me sens pleine d'espoir, plus patiente et attentive. Cependant, j'aimerais qu'il ne soit pas si souvent « dans mes jambes » ; je sens que tout n'est pas encore aplani.

Seul, son père avait toujours été naturel et tolérant avec lui. Il l'est toujours et constate avec joie son changement. À ce moment du traitement, Mme M. a demandé à le voir. Cette entrevue est extrêmement bénéfique pour Louis, pour moi et, me semble-t-il aussi, pour l'évolution du traitement. Je suis heureuse que mon mari participe à cette évolution de manière plus directe.

Après cette entrevue, mon mari se mêle davantage à la vie de Louis, assume mieux son rôle de père, il est plus accessible et plus disponible. Il joue beaucoup plus avec lui, à des jeux virils, ballon, poursuites ou autres. Je sens une complicité qui s'établit. Ils y prennent plaisir tous les deux.

Un jour, Louis réclame que son père nous accompagne à une séance. Il y va très volontiers. Louis se remet à cette occasion-là à jouer au téléphone, et lui confie un rôle qu'il remplit de son mieux (Louis n'avait plus joué à ce jeu depuis qu'il téléphonait à son père dans son grenier). Mon mari me racontera plus tard qu'il a eu du mal à entrer dans « un jeu » que nous pratiquions depuis longtemps et dont il se demandait, au juste, à quelles règles il obéissait ; mais il a été extrêmement intéressé par cette séance et s'est rendu compte de l'intensité avec laquelle nous vivions cette expérience. De mon côté, je suis très heureuse qu'il y soit plus étroitement associé. Cette thérapie cesse tout à fait d'être « mon affaire », comme au début ; elle est maintenant devenue la nôtre. Quant à mes parents, ils s'intéressent de plus en plus au traitement, et se réjouissent de la transformation de Louis ; les oncles, les tantes, les cousins, les amis en sont stupéfaits et ravis. Ses sœurs sont aussi très contentes du changement de leur frère mais elles doivent accepter que Louis prenne davantage sa place maintenant dans la maison, et les disputes sont encore fréquentes.

Commentaire

Ressembler au père

Mme D. a remarqué le rapport entre la possibilité pour Louis de distinguer le bon et le mauvais et l'apprentissage immédiat de la lecture. Liaison, si rarement comprise par les parents, entre les problèmes affectifs et le niveau intellectuel. Jusqu'ici, Louis était trop envahi par ses difficultés pour faire apprécier son intelligence ; sa mère le croyait « retardé ». En fait, il se révèle d'un seul coup très brillant. Révélation où sa maîtresse joue un rôle. Elle croit en ses possibilités, elle croit à la thérapie, et son attitude très positive favorise l'éclosion des qualités intellectuelles de Louis à l'école.

Louis s'épanouit aussi à la maison. Si la thérapie avance si bien, ce n'est pas tant par les jeux symboliques de l'enfant que par la nouvelle attitude de la mère, qui se manifeste également dans tous les moments de la vie quotidienne. Après les séances de « régression », où elle a enfin expérimenté le plaisir dans la relation avec son fils, le plaisir qu'il y prenait lui-même, elle accepte le plaisir qu'il éprouve en jouant avec son père.

Louis s'est séparé de sa mauvaise mère, l'ogre, les crocodiles ont disparu. Maintenant, il faut qu'il se sépare de la bonne mère, celle qui nourrit et qui câline, pour s'identifier à son père. C'est sur la demande implicite de Louis que je demande à voir M. D. : de cette époque datent plusieurs dessins de Louis, où on voit un père étriqué et une mère envahissante. Son progrès intellectuel, ses succès scolaires sont déjà une manière de s'identifier à son père : celui-ci est très intelligent, très à l'aise dans l'abstraction et axé sur les performances intellectuelles.

Jusque-là, étant donné sa propre histoire familiale, M. D. se refusait le droit d'agir en père à l'égard de Louis. Il l'aimait, s'en occupait volontiers, et formait avec sa femme un véritable couple, mais, dans sa relation à son fils, quelque chose restait lié à sa propre enfance.

M. D., me dit que l'attitude de Louis, qui dans ses jeux s'identifie à des personnages stéréotypés, du genre Zorro ou sherif, lui paraît par trop simplificatrice. Mais Louis a besoin de modèles simples, de séparer le bon du mauvais, de se faire une image typique de la virilité. Il pourra par la suite mieux assumer la complexité des situations réelles.

Par ailleurs, M. D. arrive à ce point de la thérapie, sans y avoir participé autrement que par les récits de sa femme et de son fils. Il a peur de ne pas être à la hauteur de l'attente de Louis et de moi-même. Je lui explique qu'il est non seulement utile mais indispensable à la vie de Louis. Plongé dans son univers professionnel, tout en étant présent dans la maison, il ne quittait pas aisément le travail entrepris pour jouer avec son fils. Mais il faut qu'il intervienne pour séparer Louis de sa mère, le faire sortir de la relation œdipienne[1] *où il se trouve encore avec elle. Il le fera avec souplesse, sans critiquer la mère, sans dire « ce sera mieux avec moi ». Le simple fait d'avoir trouvé une nouvelle relation à son fils rend le rôle de la mère moins enveloppant et plus facile.*

À ce moment-là, il a paru évident que M. D. devait venir à une séance. Cette participation du père est absolument nécessaire au déroulement de la cure.

1. Voir lexique.

« J'interviens trop souvent ! »

Louis maintenant devient père nourricier ! Il part à la chasse pour chercher à manger : Mme M. et moi sommes ses enfants. Il rapporte du gibier, fait la cuisine dans un petit four et nous donne à manger. Avant de partir à la chasse, Louis confie sa provision de balles de fusil à Mme M.

Cela me fait toucher du doigt que Louis est encore anxieux pour son intégrité, il a besoin qu'on protège ses armes. Je me demande aussi pourquoi Louis ne me les confie pas à moi, cela me vexe. (Je le demanderai quatre ans après à Mme M. Sa réponse me confondra par sa vérité : « Vous ne les lui auriez pas gardées. » En effet, j'aurais sûrement proposé un autre jeu avec ses armes, ou je les aurais remises sur le tapis, ou je les aurais cachées.)

C'est à ce moment du traitement que Mme M. me fait remarquer explicitement que j'interviens beaucoup trop dans les jeux de Louis. Je me rends compte tout d'un coup qu'elle a raison et que j'agis à sa place. J'éprouve comme une sorte d'impatience à le voir chercher un jeu, ou attendre une idée, je propose toujours quelque chose et ne lui laisse pas le temps de la réflexion.

Jusqu'à ce moment du traitement, je ne m'en suis absolument pas rendu compte. À la suite de la remarque de Mme M., je réfléchis et, rétrospectivement, je me rappelle être intervenue dans ses jeux, dans ses thèmes de marionnettes, dans la façon de tuer les crocodiles, etc. Jusque-là, Mme M. n'avait pu me le faire entendre, dans tous les sens du mot. Subitement, j'en prends conscience et là encore je suis triste et vexée... Je rapproche cela de l'envie parfois très violente d'imposer ma volonté dans les petites circonstances journalières familiales. Par exemple, le choix d'un menu, d'une sortie, exiger de mon mari ou de mes enfants immédiatement et sans délai, avec une sorte d'impatience fébrile, le déplacement d'un meuble ou le rangement d'une pièce. À côté de cela, je suis habituellement patiente et libérale, et je n'arrive pas à démêler tout ce qui se passe en moi de si contradictoire.

Une petite chose, mais cependant significative, me revient en mémoire. Mme M. habite au sixième étage. Chaque fois que nous arrivons, Louis a envie d'appuyer sur le bouton de l'ascenseur. Il est encore trop petit pour appuyer sur celui du sixième. Il aime appuyer d'abord sur le bouton qu'il peut atteindre, et, lorsque l'ascenseur s'arrête, il faut que je le soulève ou que j'appuie moi-même pour terminer le voyage. Ce voyage en deux étapes, j'ai un mal fou à l'accepter, je trouve que l'on perd du temps ; lorsque j'essaie de me raisonner et de faire ce que Louis désire, je sens une extraordinaire impatience bouillonner en moi qui se manifeste par un arrêt de ma respiration. J'ai aussi beaucoup de mal à le laisser appuyer sur le bouton de la sonnette de la porte, il considère que c'est sa maison et que c'est à lui d'en ouvrir les portes. Il ne supporte pas que je le fasse et je dois refréner mon envie de faire vite les choses avant lui, comme si c'était important de ne pas perdre un instant...

À partir de cette séance, je mettrai encore longtemps à me débarrasser de ce besoin d'intervention et d'action jusque-là parfaitement inconscient, mais la prise de conscience est une étape capitale. Tout un travail va se faire en moi, de repérage, de rapprochement, et de réflexion sur ce besoin inconscient de domination. Ma vie conjugale elle-même en sera transformée bénéfiquement, et mes rapports avec mes enfants également.

Toute cette remise en question de moi-même va se faire petit à petit tout au long du traitement, sans que ce soit vraiment très pénible, bien que par moments ce soit un peu désagréable. Par instants, une impression d'impuissance me saisit devant la répétition de cette impulsion malgré mes efforts. Puis, tout doucement, avec l'aide de ma psychothérapeute que je vais voir depuis un an, et celle de Mme M., ce besoin d'intervention et de domination diminuera. Parallèlement, Louis atteindra son autonomie.

Commentaire

Entendre et comprendre

Maintenant, il semble que Louis ait dépassé la « crise œdipienne[1] », il s'identifie bien à son père, se conduit en « homme », chasseur et nourricier. Il se méfie encore de sa mère et celle-ci le sent et en est peinée. Pour lui je suis encore la bonne mère, celle qui garde ce qui lui est précieux sans le prendre pour elle, qui ne s'en sert pas à ses propres fins. De plus, je le reconnais entièrement pour ce qu'il est, les armes qu'il me confie sont un symbole de sa virilité qu'il ne sent pas encore tout à fait acceptée par sa mère.

Mme D. a été une « mauvaise mère », elle n'a pas pu répondre aux désirs de Louis. Entre elle et lui, il y avait l'écran de ses propres problèmes ; d'abord, sans doute, comme nous l'avons vu, le sentiment de mort qui lui était resté de sa fausse couche : en un sens, pour elle, s'occuper de Louis, c'était renoncer définitivement à l'autre enfant,

1. Voir lexique.

c'était le tuer à nouveau. De plus, elle ne se croyait pas capable d'élever un garçon (crainte de la fragilité de ses parties génitales, crainte qu'il ne soit arriéré, crainte que sa virilité ne soit qu'agressivité, craintes que Mme D. a exprimées plus haut et qui s'enracinent dans sa propre histoire). Elle veut maintenant combler ce qui manque à Louis, se conduire en garçon à sa place et du même coup lui dénier à lui le droit d'être un garçon. Mais, en même temps, elle ne s'accorde pas le droit d'agir ainsi, elle veut être une bonne mère, comme sa propre mère l'a été. Avec toutes ces difficultés, elle n'est pas disponible pour être la bonne mère qu'elle souhaite et pour écouter Louis, bien qu'elle l'aime et ait en elle toutes les possibilités pour le faire évoluer.

La thérapie aidant, Mme D. réalise peu à peu toutes les possibilités de son fils, comment elle a été une « mauvaise mère », mais elle peut entrevoir — elle l'expérimente déjà par moments — qu'elle peut avoir une relation différente avec Louis, qui soit bonne et satisfaisante pour eux deux. Dans cette évolution, mon rôle est capital : elle projette sur moi ce que représente sa mère et probablement aussi son père dans ses fantasmes. À ce stade, Mme D. m'accorde la science et l'autorité (on a vu déjà quelle importance elle accordait à l'impression qu'elle pouvait faire sur moi).

Pour prendre en charge son vrai rôle de mère, il faudra

qu'elle se sente elle-même source de science et d'autorité, sans dépendre d'un pouvoir supérieur. Mais j'ai confiance en elle et je lui donne de l'espoir : au terme de l'évolution, elle n'aura plus besoin de se référer à ses parents ni à moi, c'est Louis qui se référera à elle.

La thérapeute qu'elle voit régulièrement par ailleurs la fait progresser, et la thérapie de Louis évolue en même temps.

J'ai déjà souvent dit à Mme D. qu'elle intervenait trop souvent, elle ne « l'entendait » pas. Importance immense des mots qui ont besoin d'être dits, mais aussi impuissance du langage tant que les faits qu'il recouvre ne peuvent pas être assumés affectivement. À ce moment de son évolution, Mme D. peut comprendre ce que signifient pour Louis ses interventions continuelles.

« La sorcière est dans le placard »

Pendant plusieurs séances, Louis va jouer à mettre Mme M. dans le placard de la salle de bains. Il joue à enfermer la « méchante sorcière », elle ne peut s'échapper et doit attendre d'être délivrée.

Je continue d'être stupéfaite de ce que Mme M. peut supporter, j'ai parfois envie de la délivrer. Il me semble que Louis affirme ici sa maîtrise et sa supériorité, il a le droit de décider seul de ce qu'il va faire, le droit d'enfermer Mme M. Il vient partager avec moi la complicité de l'avoir enfermée, il en est tout joyeux.

En alternance avec ce jeu, il me demande de lui lire des histoires. J'aime beaucoup cela ; il désire que les histoires soient toujours lues de la même façon, il les connaît bien sûr par cœur, et réagit si par hasard je change quelque chose. Il me demande aussi parfois d'inventer des contes. Je raconte alors de longues histoires. Il est assis sur le divan à côté de moi, très attentif ; je supporte très bien de faire exactement ce qu'il me demande, de respecter ses désirs, et même, ce qui est nouveau pour moi, j'en suis toute contente. Mme M. à ce moment est tout à fait exclue du jeu et l'accepte très volontiers, elle me paraît toujours contente et cela me sidère toujours... Elle favorise même beaucoup ce rapprochement entre Louis et moi qu'elle considère comme bénéfique, au prix de son effacement.

Commentaire

« J'accepte d'être la mauvaise mère »

En me prenant dans son jeu pour la mauvaise mère, Louis se débarrassera définitivement de ses sentiments hostiles en même temps que de l'aspect dangereux de sa mère. Mme D. peut être ainsi bonne et mauvaise comme toutes les mères. Louis peut se défendre de la mauvaise pour jouir de la bonne ; il met la sorcière dans le placard et noue maintenant de bonnes relations avec sa mère qui lui lit des histoires avec plaisir.

« C'est votre amour qu'il réclame »

Louis imagine maintenant des jeux très variés ; il joue à l'eau dans la salle de bains, il adore faire semblant de faire pipi avec le jet d'eau du biberon. Mme M. commente toujours : « Oh, quel beau pipi ! » Ces jeux d'eau n'ont plus rien à voir avec ceux de la cuisine où, pour Louis, le bon et le mauvais étaient mélangés, où il ne savait jamais si dans le biberon il y avait du lait ou du pipi. Il joue aussi à dessiner, à cuisiner, à cache-cache. De temps à autre, il enferme encore Mme M. dans le placard. Elle continue d'y rester jusqu'à ce que Louis la délivre. Il me semble qu'il désire être seul avec moi et jouer d'une rivalité éventuelle entre Mme M. et moi, rivalité qui d'ailleurs n'existe pas.

Jamais, pas un instant, je ne me suis sentie culpabilisée ou agressée par la thérapeute. Au contraire, tout doucement, je parviens à me laisser mieux aller à jouer avec Louis, à moins interrompre ses jeux et à lui faire confiance. Louis parle beaucoup dans les séances de ce qu'il fait à la maison et à l'école. Il aime raconter ses réussites. À la maison aussi je lui consacre plus de temps, mais on sent encore chez Louis une grande « soif » de moi et cela me pèse encore.

Voici qu'au sortir d'une séance Louis me demande, sur le palier de Mme M., « des bonbons » avec insistance et sans répit (conduite habituelle qui m'agaçait toujours beaucoup). Mme M. me dit à ce moment-là : « Ce ne sont pas des bonbons qu'il réclame, c'est votre amour. » Brusquement j'ai l'impression en entendant cette phrase d'un voile qui se déchire devant mes yeux (un peu comme le jour de la séance si importante de l'ogre), et à partir de ce moment je supporterai parfaitement ses demandes réitérées, sans d'ailleurs me croire obligée d'y accéder toujours. Je me croyais auparavant obligée d'y accéder dans la mesure même où je n'en avais pas envie.

C'est de ce moment précis que datent, chez Louis, les premières tolérances à la frustration, les premiers refus acceptés sans hurlements de sa part. Là aussi, le traitement a progressé d'un bond, comme lors de la découverte de la peur de la dévoration, découverte qui a permis à Louis de ne plus taper sur les gens, d'un jour à l'autre. Il y a ainsi pendant ce traitement un long cheminement, une longue évolution, jalonnés de deux ou trois bonds décisifs, toujours dus aux paroles de Mme M. dites à des moments bien précis et cruciaux.

Cette phrase, « c'est votre amour qu'il réclame », je ne

l'aurais pas entendue et pas vraiment comprise avant cette époque ; Mme M. l'a dite au moment précis où je pouvais l'entendre et retrouver enfin en moi les possibilités d'aimer.

Maintenant, Louis consent à ce que nous parlions toutes les deux, j'en suis très contente, car je suis toujours dans la même attente des explications sur les séances. Ce qui me paraît lumineux maintenant, ne l'était pas du tout sur le moment. J'avais toujours une très grande soif de comprendre ce qui se passait ; je n'y parvenais pas toute seule.

Nous avions au cours de cette année une nouvelle jeune employée de maison qui avait beaucoup de mal à supporter Louis, et j'avais tenté de lui faire comprendre le traitement entrepris, l'évolution commencée et la patience à avoir. Mais, n'ayant pas connu Louis auparavant, elle ne le trouvait pas en progrès et seulement très difficile. Ses cris quand elle voulait le baigner ou le faire manger (ou dans toute circonstance où Louis avait à obéir, à céder) l'exaspéraient. Nous étions souvent en désaccord à propos de ce qu'elle nommait ma faiblesse. Si bien qu'un jour, en accord avec Mme M., cette jeune Christel a accompagné Louis à sa séance. L'expérience a été magnifique. Elle a vu Louis tout à fait sous un autre jour, elle a compris le lent et patient travail entrepris, elle en a saisi l'enjeu. Depuis ce jour, elle a mis tout en œuvre pour la réussite du traitement, laissant de côté son arsenal d'éducation d'« enfant bien élevé » ou « obéissant ». Elle a aussi commencé à l'aimer. Comme cela a coïncidé avec le moment dont je parlais à l'instant, où Louis a commencé à supporter les frustrations, à admettre la loi, les choses en ont été beaucoup facilitées.

Christel organisait pour les enfants des soirées, elle allumait un grand feu dans la cheminée en chantant avec sa guitare, en racontant des histoires. Du charme, une certaine mélancolie et beaucoup d'affection se sont dégagés de ces soirées qu'ils adoraient. Là encore, Louis s'intégrait de plus en plus dans la famille.

Les vacances arrivaient tout doucement, c'est un Louis transformé qui part le premier, tout seul avec ses grands-parents, tous dans la joie.

La maîtresse, trouvant son évolution extraordinaire, demande pour lui, et seulement deux autres enfants, son passage direct en cours élémentaire. Mme M. hésite au début à l'approuver, ce qui m'ennuie beaucoup, mais finalement elle l'accepte.

Commentaire

Amour et bonbons

Louis m'enferme encore dans le placard. Cela me paraît satisfaisant ; ainsi il peut continuer à vivre avec sa mère une bonne relation, ce qui est le but de la thérapie. Mme D. parle de rivalité, mais, heureusement, écarte aussitôt cette hypothèse !

Elle souhaite avec moi des rapports parfaits et accorde à mes paroles un poids décisif : c'est ce que je lui ai dit qui aurait fait progresser Louis de façon spectaculaire, elle attend avec impatience mes explications et mes commentaires. En fait, la propre évolution de Louis, son attitude régressive pendant les séances ont joué pour elle un bien plus grand rôle. Ce n'est pas tellement ce que j'ai dit et interprété à la mère et à l'enfant qui a fait progresser la thérapie, mais surtout le simple fait de laisser Louis s'exprimer devant sa mère, afin que sa mère comprenne ses désirs et ses besoins autant conscients qu'inconscients.

Louis réclame quelque chose d'impossible ; des bonbons, il n'y en a pas au moment où il en demande ; sa mère ne peut accéder à son désir, il le sait et pourtant... C'est là un bon exemple des relations faussées qui peuvent alors enfermer l'enfant et sa mère ; Louis proteste de ne pas avoir des bonbons, qu'il ne désire pas vraiment. Jeu sans issue, qui ne peut satisfaire personne et qui exaspère la mère et l'entourage.

En fait, sa demande est déviée, c'est sa mère qu'il réclame. La plupart du temps, les enfants peuvent exprimer directement le besoin qu'ils ont de leur mère : « Aujourd'hui, maman, ne vas pas travailler... », « Maintenant, tu vas t'asseoir pour faire un câlin. » Louis ne peut pas le dire, il a appris — inconsciemment — que sa mère ne pouvait pas accéder à son désir. Alors il demande des bonbons qu'on ne peut lui procurer. L'explication que je fournis à Mme D. lui paraît maintenant évidente, c'est de l'amour que réclame Louis. Elle est prête à lui en donner, elle peut donc, sans se sentir coupable, refuser d'accéder aux caprices de Louis. Il avait besoin de ce refus plein de bon sens pour retrouver une conduite « raisonnable ».

Christel, comme auparavant la maîtresse de Louis, s'est intéressée à la thérapie : importance pour l'enfant de sentir une cohérence autour de lui. Christel ne s'est sentie concernée que lorsqu'elle a pu assister à une séance. Après, tout s'est bien passé. Rien ne peut remplacer ce vécu nécessaire pour se rendre compte de l'enjeu d'un traitement.

Aimer est pourtant simple...

Nouveau changement de lieu. Cette fois, Mme M. est installée chez elle.

L'appartement est accueillant, clair, la salle d'attente est grande avec une baie vitrée qui tient tout un mur, avec de bons fauteuils, un cheval de bois à bascule (que Louis cassera plus tard à son grand désespoir). La pièce où se passent les séances est plus petite, plus chaleureuse, les jouets qui s'y trouvent sont fascinants : une maison de poupée à faire rêver, avec des personnages, des marionnettes, un vrai petit lit d'enfant en bois (à bascule), des tiroirs en bois pour ranger tous les petits jouets. Dans cette pièce, nous nous sentons vraiment chez nous, sans la peur d'abîmer quelque chose. Un petit canon va être adopté par Louis comme jouet préféré. Louis va tirer avec ce canon de petites flèches en plastique. Mme M. doit le lui remonter encore à chaque fois. Il s'amuse maintenant sans aucune angoisse, non pas à tuer, mais à viser où il veut. On sent qu'il a maintenant une grande maîtrise de ses désirs. Il ne donne plus l'impression d'être seulement la proie de ses fantasmes incontrôlés.

À cette époque, un jour, dans la voiture, Louis et moi parlions de sa vie à l'école et à la maison, et des changements qu'il ressentait en lui. Il prononça alors cette phrase devenue fameuse dans la famille : « Maman, ma psychothérapie m'a donné ma force. » Il ajouta ensuite : « Tu sais, les enfants nerveux, ça rend nerveux tout le monde... » « Réflexion digne d'un psychanalyste », dira mon mari !

Il demandera de lui-même à ne venir qu'une fois par semaine. Mme M. me l'avait annoncé au début du traitement : « Vous verrez, c'est lui qui saura quand la thérapie doit s'arrêter. » J'avais été, je l'avoue, incrédule.

Maintenant, il réussit bien en classe ; il est heureux, il aime son maître, mais son écriture est extrêmement sale malgré ses efforts. Les rapports avec les camarades sont bons ; bien qu'étant le plus jeune il ne se sent pas en infériorité.

Ce qui me frappe le plus dans le traitement, c'est son caractère heureux et son déroulement facile. Je découvre avec stupéfaction que mes efforts pour bien faire, vains jusque-là, ont abouti d'eux-mêmes, et sans difficultés, au moment où j'ai retrouvé mon équilibre intérieur.

Des efforts, j'en avais tant fait, sans aucun résultat : pour bien m'occuper de Louis, pour « être bonne mère » ;

Louis aussi en faisait pour être « gentil ». Et sans succès. Voici que par la magie de cette thérapie réparatrice et gratifiante j'ai pu aimer mon enfant facilement. Le but a été atteint, tout doucement. Toutefois, pour moi, un certain nombre de remises en question et de découvertes un peu douloureuses ont été nécessaires, celles de ma propre agressivité, de mon besoin d'intervention, et celle de la peur que Louis avait eue de moi. Mais j'ai tout le temps été portée dans ma recherche et dans ma reconstruction par Mme M. Ce n'était pas un effort volontaire, mais une élaboration lente qui m'a demandé seulement de la lucidité, l'acceptation de choses dont je ne me doutais pas et, je dois l'avouer, un peu d'humilité.

« Tout ceci se passait il y a bien longtemps... »

Louis décide un jour pendant la séance de reprendre les marionnettes qu'il avait abandonnées depuis la période où il inventait les histoires de Bambi.

Louis nous déclare qu'il va mimer *le Petit Chaperon rouge*. Il nous narre en effet tout le déroulement du conte et, à la fin, l'histoire se termine par la mort du Petit Chaperon rouge dévoré par le loup, sans la moindre atténuation ou résurrection. Mme M. et moi nous nous regardons, je suis inquiète à l'idée que Louis est encore repris par ses angoisses d'être dévoré et qu'il n'a pas pu trouver une autre issue... Mais voici que Louis nous regarde, l'œil brillant, l'air rayonnant, et conclut : « Mais ceci se passait il y a très longtemps. » Mme M. me fait remarquer à ce moment que Louis vient de raconter sa psychothérapie, un passé révolu, terminé, dont on est définitivement débarrassé.

Après cette séance, nous ne sommes plus venus que tous les quinze jours, toujours à la demande de Louis. Louis a commencé à s'enfermer à clef dans la pièce avec Mme M. et à me faire sortir pour rester seul avec elle. Nous décidons ensemble qu'il est temps que Louis vienne seul dans la pièce, et que je reste dans la salle d'attente. Louis m'a dit plus tard qu'il s'enfermait à clef pour que je n'entre pas... mais aussi pour être sûr que Mme M. ne sorte pas. Il s'affirme maintenant comme tout à fait autonome par rapport à moi. Il me semble les entendre jouer au ballon, ou au petit canon. Mais, chose curieuse, cette décision est intervenue au moment précis où j'avais envie d'être seule, tranquille dans la salle d'attente à lire ou à tricoter, au moment où je n'avais plus envie d'assister, plus envie d'intervenir.

Là encore, le traitement a agi sans heurt, il nous a conduits, Louis et moi, à désirer en même temps son autonomie. Il est maintenant séparé de moi et pourtant si chaleureusement proche.

Après environ un mois, nous décidons, selon notre désir à tous trois, que le traitement peut se terminer (par ailleurs ma psychothérapie cesse aussi). C'est ainsi qu'un jour, avant Pâques, arrive notre dernière séance. Nous sommes partagés dans nos sentiments, Louis et moi. Heureux comme tout que le traitement soit terminé, avec l'impression d'avoir conquis notre liberté d'être, et un peu mélancoliques à l'idée de rompre une si douce habitude.

Louis va d'ailleurs merveilleusement bien : gentil à la maison, bien intégré à l'école, heureux, avec une joie d'apprendre émouvante.

Les seuls symptômes qui restent sont une difficulté à goûter les aliments nouveaux (qui ne disparaîtra que très lentement et beaucoup plus tard) et bien du mal à écrire proprement, sans de multiples ratures. Ceci disparaîtra totalement l'année suivante au cours d'une conversation entre Louis et moi où je lui confie mon souci au sujet de son écriture : « Si ça te fait faire du souci, maman, alors je vais écrire bien ! » Sans effort apparent, ses cahiers sont devenus propres (sans faire d'exercices comme me le conseillaient certains). Que s'était-il passé, je ne le sais pas, pas plus que je n'ai compris pourquoi j'ai enfin réussi mes examens auxquels j'échouais souvent.

En relisant l'ensemble de ce texte, je me suis aperçue que mes souvenirs concernant la vie de Louis à la maison sont beaucoup plus flous que ceux qui se rapportent à la thérapie elle-même. Il est sûr que Louis est devenu vraiment vivant, réel, concret pour moi grâce à ce traitement.

J'ai enfin pu me rendre compte de ce qu'il était réellement, physiquement et moralement : un visage animé, expressif, un corps mince, souple, élastique, une intelligence rayonnante et sensible, une attention délicate aux autres, une sensibilité faite de vraie bonté. Mme M. l'avait perçu ainsi dès le début, malgré son agressivité, et c'est sûrement ce qui a permis à Louis de se montrer tel qu'il était, et à moi de le découvrir.

Le changement opéré en moi, sa propre évolution, la transformation de nos rapports m'ont donné l'idée que, par cette expérience, je pouvais venir en aide à d'autres mères qui vivaient le même drame en écrivant mes souvenirs. Voilà pourquoi ce livre a été fait.

Commentaire

Louis s'est séparé de sa mère

Tout au long de la thérapie, comme tout au long de ce récit, Mme D. a su très honnêtement se remettre en cause. Cette attitude a permis à la thérapie de se poursuivre, et à nous d'écrire ce livre en parfait accord.

Lorsque Louis nous raconte l'histoire du Chaperon rouge, un instant je me demande, comme sa mère, s'il ne retourne pas de nouveau en arrière vers ses problèmes de dévoration. Mais Louis, très perspicace, nous raconte à travers un exemple parlant le déroulement de sa thérapie. Il nous montre par là qu'il s'est tout à fait détaché de ce passé. Il va maintenant parfaire ce détachement en se séparant matériellement de sa mère : il entre seul dans la pièce de thérapie. Il a pris son autonomie par rapport à elle exactement au moment où elle a pu le supporter. Il lui restera seulement à se détacher de moi.

La thérapie peut alors cesser d'elle-même. C'est Louis qui choisit de l'arrêter avec mon accord.

Cette thérapie s'est passée sans que j'intervienne par

des interprétations au sens psychanalytique, mais seulement au moyen de commentaires « maturants » dits aux moments opportuns.

J'ai fait totalement confiance à Louis, et sa mère a appris à lui faire confiance. Lui-même a pu alors nous révéler toutes ses richesses.

Épilogue

Les lignes suivantes ont été écrites, spontanément, par Louis, maintenant âgé de treize ans, sept ans après la fin de sa psychothérapie.

Louis n'a pas lu le livre consacré à son histoire. Il a fait appel à ses souvenirs personnels, enrichis peut-être des quelques conversations qu'il a eues avec sa mère.

Impressions et souvenirs de Louis

Autrefois, je me sentais malheureux, « autre que les autres ». Ils étaient loin et différents de moi. Quand ils approchaient, je les tapais. Pourtant, j'avais envie qu'ils s'approchent, qu'ils pénètrent dans mon univers, qu'ils me comprennent. C'était la même chose avec mes camarades, j'avais envie d'entrer dans leur jeu, et, je ne sais pourquoi, je les tapais.

Un jour, maman m'a dit : « Mon petit Louis, est-ce que tu voudrais aller voir une dame pour t'aider à avoir moins de colères, à être plus gentil et heureux ?

— Qu'est-ce qu'on va faire chez cette dame ?

— Je crois que tu joueras à ce que tu veux.

— S'il faut jouer, je veux bien. »

Le premier jour où je suis allé chez Mme M., j'ai vu une dame blonde, enfin rousse, très grande, qui m'a dit, à mon grand étonnement, que je pouvais jouer à ce que je voulais. J'ai regardé autour de moi. Les murs étaient blancs. Il y avait des petits tapis sur la moquette, un coffre à marionnettes, un théâtre, un grand lit et un faux téléphone. Dès que je l'ai vu, je l'ai pris et je me suis amusé avec. Ce souvenir n'est pas seulement celui de la première journée, mais aussi celui des autres fois, car Mme M. était toujours grande et rousse, les murs étaient toujours blancs, les objets toujours là, et je jouais toujours avec le téléphone.

Je me souviens aussi d'avoir joué aux cow-boys et aux Indiens. Comme nous étions trois, je choisissais qui serait seul contre les deux autres. C'était moi qui décidais du vainqueur et comme je n'aimais pas perdre, c'était moi qui gagnais. J'étais très étonné de pouvoir ainsi tout décider.

Pour confirmer ce pouvoir, j'ai voulu choisir un autre jeu. J'ai dit à Mme M. que je voulais jouer avec les marionnettes : naturellement, elle a tout de suite accepté et moi j'étais maintenant persuadé que je pouvais faire ce que je voulais. Cette puissance me rassurait. Comme je commandais les autres, ils ne pouvaient plus me faire peur.

Voici les jeux que je faisais avec les marionnettes : il y avait un loup, un crocodile, un renard, un homme et une femme. Le renard, avec sa ruse, défendait les humains contre le loup et le crocodile qui voulaient les manger : par exemple, il les emmenait dans un marécage dangereux pour eux. En général, je faisais le loup et le crocodile. Je m'amusais beaucoup à ouvrir et à fermer la gueule du crocodile. Ce personnage du crocodile m'a beaucoup inspiré, et, plus tard, les petits tapis qui étaient sur la moquette ont représenté, à leur tour, des crocodiles. Ceux-ci attaquaient maman et Mme M. qui se réfugiaient sur leur île (le lit) en soulevant leurs pieds de l'eau (la moquette) ; je les défendais. Avant, c'était moi le crocodile agresseur, maintenant c'est moi le défenseur.

Ce jeu m'a beaucoup marqué, et j'en ai un souvenir très net. J'ai également un souvenir très net de l'époque où j'ai désiré que ma mère sorte de la pièce où se passaient les séances, et reste dans la salle d'attente. Je restais seul avec Mme M. et même je m'enfermais avec elle. En utilisant encore mon pouvoir, je pouvais exiger que ma mère n'entre pas avant la fin de la séance, et je savais qu'elle m'obéirait.

Quelle délicieuse impression de voir sa mère vous obéir ! Mes jeux étaient de plus en plus pacifiques. Je dessinais parfois et j'accordais à ma mère une courte audience pour qu'elle voie mon œuvre. Dès qu'elle l'avait vue, je lui ordonnais de sortir.

À la fin de la psychothérapie, je me suis senti délivré, léger. Ma mère me comprenait, je pouvais enfin lui parler. Mes camarades m'aimaient bien et nous jouions ensemble pendant des heures entières.

Maintenant, quelques années après, j'aime beaucoup de choses très diverses : la musique (je joue du violon), l'as-

tronomie (j'appartiens à un club), la littérature, les arts, je joue aux échecs, je fais du sport (volley, tennis) et bien d'autres activités moins originales comme aller à l'école et regarder la télé...

Je suis vraiment comme les autres. Je me sens tranquille, sûr, heureux et libre.

Lexique

AGRESSIVITÉ

« L'agressivité est avec la faim et la sexualité l'expression d'un instinct normal. Mais elle peut devenir au cours des premières années l'expression de conflits mal contrôlés[1]. »

La distinction entre les manifestations d'agressivité qui sont un élément normal de la maturation et celles qui traduisent un trouble du comportement peut être très difficile.

Dans la première année de la vie, l'agressivité se manifeste le plus souvent par les cris et par l'agitation ; c'est par là que le nourrisson peut exprimer son malaise (son état de manque) lorsque ses besoins essentiels ne sont pas immédiatement satisfaits, aussi bien son besoin d'affection que son besoin de nourriture.

Plus tard, l'agressivité se manifeste par la « crise d'opposition » ; c'est la période du « non », qui est un stade

1. P. Mâle, A. Doumic-Girard, *op. cit.*

de maturation et d'organisation nécessaire à l'enfant pour conquérir son autonomie.

À côté de manifestations que l'on peut considérer comme normales, l'agressivité revêt parfois une telle ampleur et un tel aspect qu'elle peut conduire les parents à consulter, comme c'est le cas dans l'histoire de Louis.

Ainsi les colères de l'enfant peuvent-elles avoir des significations bien différentes. Certaines colères peuvent être considérées comme bénéfiques : ce que P. Mâle et A. Doumic définissent comme des colères « saines », car elles sont le reflet de l'organisation autonome, et des colères « salutaires », quand elles permettent à l'enfant de se défendre par exemple contre une trop grande rigidité parentale.

Mais il est aussi des colères de type destructeur qui sont l'expression d'une agressivité non contrôlée, ou des colères qui apportent à l'enfant des bénéfices secondaires (satisfactions de puissance), ou encore des colères qui expriment une frustration insupportable (séparation, crèche).

BON ET MAUVAIS

Pour le tout petit enfant, toute sensation, qu'elle soit bonne ou mauvaise, est confondue avec sa mère. Il est essentiel pour le bon développement du nourrisson, qu'il puisse intégrer en premier lieu le bon comme bon. D'où l'importance que la première image de la mère soit bonne, c'est-à-dire sécurisante, apaisante, et que les besoins du nourrisson soient comblés.

Ce n'est qu'à partir du moment où l'enfant connaît le bon qu'il pourra reconnaître le mauvais et donc les séparer l'un de l'autre.

Une des visées thérapeutiques est d'aider l'enfant à retrouver ce qu'il y a de bon dans sa mère puis de l'aider ensuite à séparer ce qu'il y a de bon et de mauvais en elle, pour lui.

CASTRATION

Le terme peut s'entendre de deux façons ; la castration réelle et la castration symbolique.

La castration au sens ordinaire veut dire suppression des organes sexuels. Au sens psychologique, ce mot a un sens plus étendu :

1° La privation d'un objet réel, par exemple :

— la castration placentaire, ou coupure du cordon ombilical et perte du placenta à la naissance ;

— la castration orale, ou privation du sein, ou sevrage ;

— la castration anale, ou l'acceptation de la propreté sphinctérienne.

2° Le renoncement à un désir ou castration symbolique :

— la castration primaire, ou accepter son sexe et renoncer à l'autre, se savoir et s'accepter d'un seul sexe ;

— la castration secondaire, ou acceptation de l'interdit de l'inceste, renoncer à son père quand on est une fille, et à sa mère quand on est un garçon.

CRISE ŒDIPIENNE

Entre trois et six ans l'enfant acquiert peu à peu dans son intimité la notion de son propre sexe. Il sait qu'il est garçon ou fille et il sait aussi à quel sexe appartiennent les personnes qui l'entourent. Parallèlement à cette prise de conscience, ses expériences affectives se développent et se compliquent. C'est la période du « complexe d'Œdipe » qui fait référence au célèbre mythe grec : Œdipe, enfant abandonné, rencontre et tue Laïos sans savoir qu'il est son père, puis épouse Jocaste sans savoir qu'elle est sa mère.

Freud a montré que le destin tragique d'Œdipe pouvait représenter une étape cruciale du développement de la sexualité chez l'enfant.

Pour en donner l'explication la plus simplifiée, on peut dire que l'enfant commence à s'attacher amoureusement au parent, du sexe opposé au sien, dont il voudrait avoir la possession exclusive.

Mais la réalité s'oppose à son désir, l'autre parent joue déjà le rôle auquel il aspire et devient un rival gênant qu'il va chercher à évincer.

Normalement, les sentiments de l'enfant ne peuvent pas modifier la réalité du couple que constituent les parents.

Par ailleurs l'enfant ne cesse pas pour autant d'aimer le parent dont il est le rival et peut se sentir culpabilisé d'éprouver à son égard un sentiment d'hostilité.

La situation n'est pas vécue de la même façon par le petit garçon et la petite fille. La nature des liens qui attachent l'enfant à sa mère modifie le triangle œdipien, selon le sexe de l'enfant ; chacun, garçon ou fille, réagit selon le « génie » propre à son sexe. Par exemple, le petit garçon se fera protecteur de sa mère, la petite fille tentera de séduire son père.

Ce conflit, vécu avec une grande intensité, peut se résoudre dans le dépassement de la situation. Impuissant à satisfaire son désir, à séparer son père et sa mère pour s'emparer exclusivement de l'un d'eux, l'enfant trouvera son plaisir à ressembler au parent qu'il ne peut évincer, ce qui est une manière positive de se mettre à sa place, puisqu'elle va dans le sens du développement de l'enfant.

Ce changement d'attitude est lent et progressif. Entre cinq et six ans, l'enfant en général a résolu une partie de ses conflits, en acceptant le sexe auquel il appartient et en « s'identifiant » au modèle que proposent le parent et les autres adultes du même sexe.

À l'approche de la puberté, le conflit œdipien se ranime en même temps que la sexualité génitale s'installe. Cette fois-ci l'adolescent trouvera sa réponse dans l'autonomie, le détachement des parents et une vie amoureuse personnelle.

FANTASME

Productions imaginatives soit conscientes, soit inconscientes, qui peuvent être à l'origine de certains comportements de l'enfant.

Il y a des fantasmes destructeurs et des fantasmes réparateurs.

Ils sont parfois confondus avec la réalité. Il est essentiel de pouvoir bien les en distinguer. Les fantasmes sont essentiels pour affronter les frustrations de la réalité : on peut tout s'y permettre.

Dans les thérapies, on favorise l'apparition des fantasmes plus ou moins refoulés qui permettent à l'enfant de se libérer de ce qui l'oppresse, et de se reconstruire.

FRUSTRER

Faire attendre la satisfaction du besoin ou du désir, ou même ne pas les satisfaire.

IDENTIFICATION

S'identifier à autrui, c'est se rendre semblable à lui par un trait singulier ou par un ensemble de signes communs.

L'identification signifie l'appropriation du comportement d'autrui.

Première forme d'identification : identification à un objet d'amour, l'enfant intériorise une partie des traits de caractère ou du comportement de l'objet aimé.

Deuxième forme d'identification : identification à un tiers. Le sujet ne s'identifie pas à l'objet aimé mais à un tiers qui partage le même intérêt. « Un sujet a perçu une analogie significative sur un point avec autrui » (Freud).

Troisième forme d'identification : identification à l'agresseur. L'enfant se défend contre les expériences traumatisantes en répétant mais de façon active les situations qu'il a subies. En reprenant dans son jeu, par exemple à l'égard d'un autre ou d'une poupée, le rôle du médecin ou du dentiste qui lui a fait peur ou lui a fait mal, l'enfant peut parvenir à intérioriser la situation et à s'en rendre maître.

INCONSCIENT

Ce qui est inconscient est bien entendu ce qui échappe à la conscience. Il existe des sentiments, des idées, des représentations, des fantasmes inconscients. Ce sont des processus dynamiques qui agissent sur notre comportement, indépendamment de la volonté. Certains de ces éléments peuvent être à l'origine de névroses. Ils peuvent devenir conscients ou tout au moins préconscients en se manifestant au travers des rêves ou au cours des psychothérapies, et cesser ainsi de provoquer les symptômes névrotiques.

MATURATION

Processus, tant physiologique que psychologique et affectif, par lequel l'enfant passe de la « dépendance absolue » du nourrisson à la « dépendance relative » de l'enfant (Winnicott), jusqu'à l'autonomie de l'adulte.

Les différents types de développement, notamment neurologique, sensoriel, intellectuel, verbal et affectif, s'intriquent constamment et retentissent les uns sur les autres. Cette maturation dépend en grande partie des relations que l'enfant établit avec son entourage et en tout premier lieu avec sa mère.

PROJETER

Attribuer à autrui des sentiments, des désirs, des conflits que l'on a en réalité en soi-même.

PSYCHOTHÉRAPIE D'ENFANT

Après une première entrevue, le psychothérapeute décide, à partir de son expérience, s'il est indiqué ou non d'entreprendre une psychothérapie.

Ce n'est pas forcément la gravité ou le nombre de symptômes qui importent : ces symptômes, cauchemars, agressivité, phobie, comportement rituel, etc., peuvent être une défense passagère et n'empêcheront pas l'enfant d'évoluer.

Tout dépend du contexte psychologique personnel et familial qui a entraîné ces symptômes.

La décision prise, les modalités d'intervention sont multiples, mais c'est toujours une rencontre régulière entre deux personnes qui nouent une relation. Dans cette relation, l'enfant exprime sa vie intérieure non seulement par le langage mais aussi par le dessin, le jeu, la peinture, le modelage, l'improvisation dramatique. Le psychothérapeute tente de comprendre ce qui est dit sous les apparences de ces divers modes d'expression.

Ainsi, sans vraiment s'en apercevoir, l'enfant est amené à exprimer ses conflits, ses difficultés, sa souffrance, ses relations aux autres.

Il ne s'agit pas seulement pour l'enfant d'une expression symbolique libératrice. En effet, le psychothérapeute, en même temps qu'il comprend lui-même ce qui se passe, va faire tout un travail d'information auprès de l'enfant, l'aidant à mieux saisir les éléments implicites de son discours et de ses jeux, à clarifier sa situation en faisant référence à ce qui se passe dans la réalité de sa vie quotidienne.

Le psychothérapeute peut également faire appel à l'interprétation psychanalytique portant sur des aspects inconscients de la vie de l'enfant, liés aux pulsions sexuelles ou agressives.

Dans l'histoire de Louis, le psychothérapeute a surtout utilisé la technique « réparatrice » telle que la pratiquait Alice Doumic.

Quelles que soient les méthodes utilisées, l'attitude psychologique du thérapeute, sa disponibilité, son écoute sont des éléments essentiels pour créer une situation thérapeutique.

Le rythme des séances dépend de la gravité des conflits et aussi des possibilités matérielles de l'enfant, des parents et du psychothérapeute. Il est souvent nécessaire, surtout pour un jeune enfant, de prévoir des séances très rapprochées, au moins deux et parfois jusqu'à cinq séances par semaine. À l'inverse, il est des cas où une seule séance peut suffire à débloquer une situation.

La durée totale d'une psychothérapie est extrêmement variable, la moyenne se situant autour d'une année.

RÉGRESSION

Retour à un stade précédent, déjà vécu, du développement psychologique ou affectif. La régression est utilisée et même induite par le thérapeute comme technique de réparation. Elle permet à l'enfant de revivre dans de bonnes conditions, de façon symbolique ou même réelle, une étape de son développement qu'il a mal vécu ou qu'il a manqué.

Il faut d'ailleurs noter que l'alternance de phases de progression et de phases de régression représente, chez l'enfant, une modalité évolutive normale.

SEVRAGE

Au début de la vie, la survie et le bien-être de l'enfant sont confondus dans son rapport avec la nourriture. Mais très vite, le besoin d'être nourri pour survivre se détache du besoin de l'échange affectueux, du plaisir partagé. Il a besoin d'être tenu, bercé et cajolé. Il aime retrouver l'odeur de sa mère, sentir le lait qui coule à la bonne température.

On voit bien que, à cette période, des difficultés peuvent surgir si la mère a du mal à nourrir, si elle est fatiguée, si elle n'éprouve pas l'envie, ou ne prend pas le temps, de cajoler, de bercer son enfant et de lui parler.

Un peu plus tard, la rupture progressive du corps à corps mère-enfant que constitue le sevrage laisse la place progressivement à un échange qui passe davantage par la parole. L'enfant cesse d'avoir une « bouche-sein » ou une « bouche-biberon » pour commencer à avoir une « bouche-parole », comme l'écrit Françoise Dolto. On peut comprendre comment certaines difficultés de langage s'enracinent dans des difficultés de sevrage. On supprime à l'enfant un plaisir, celui de téter, et cela lui permet d'accéder à un niveau supérieur de développement de la personnalité, celui de l'accession au langage.

Cela peut être douloureusement ressenti par l'enfant, le sevrage peut avoir été difficile ou brutal ; il peut avoir été vécu dans le déplaisir mutuel. Au contraire, le sevrage peut avoir été très réussi et introduire facilement l'enfant à un palier supérieur de son développement.

TRANSFERT

Ensemble des sentiments positifs et négatifs que l'enfant projette sur son thérapeute et grâce auxquels il va pouvoir revivre un certain nombre de situations, de conflits, régresser, et ensuite se reconstruire. Le thérapeute sera le support de sentiments déjà éprouvés qui, grâce à son attitude neutre, pourront trouver une issue différente.

Table des matières

Impression réalisée sur CAMERON par

BUSSIÈRE CAMEDAN IMPRIMERIES

GROUPE CPI

à Saint-Amand-Montrond (Cher)
en septembre 2002

N° d'édition : 2405. – N° d'impression : 023940/1.
Dépôt légal : septembre 2002.

Imprimé en France